Order of Mass

ISBN-13: 9781948909518

Thirty-Three & 1/3 Publishing

Printed in the USA

Ordinarium Missae

Ordinario della Messa

Ordinaire de la Messe

Ordinario de la Misa

Ordinário da Missa

Order of Mass

Messordnung

Obrzędy Mszy Świętej

Latinum

Italiano

Française

Español

Português

English

Deutsch

Po polsku

Latinum

ORDINARIUM MISSAE

Français

ORDINAIRE DE LA MESSE

Português

ORDINÁRIO DA MISSA

English

ORDER OF MASS

Italiano

ORDINARIO DELLA MESSA

Español

ORDINARIO DE LA MISA

Deutsch

MESSORDNUNG

Po polsku

OBRZĘDY MSZY ŚWIĘTEJ

RITUS INITIALES

INTROITUS

In nómine Patris, et Fílii,
et Spíritus Sancti.

Amen.

Grátia Dómini nostri Jesu Christi,
et cáritas Dei,
et communicátio Sancti Spíritus
sit cum ómnibus vobis.

Et cum spiritu tuo.

Fratres, agnoscámus peccáta nostra,
ut apti simus
ad sacra mystéria celebránda.

Confíteor Deo omnipoténti
et vobis, fratres, quia peccávi nimis
cogitatióne, verbo,
ópere et omissióne,

RITE D'ENTRÉE

CHANT D'ENTRÉE

Au nom du Père et du Fils
et du Saint-Esprit.

Amen.

La grâce de Jésus notre Seigneur,
l'amour de Dieu le Père
et la communion de l'Esprit Saint
soient toujours avec vous.

Et avec votre esprit.

Préparons-nous à la célébration
de l'Eucharistie en reconnaissant
que nous sommes pécheurs.

Je confesse à Dieu tout-puissant,
je reconnais devant mes frères,
que j'ai péché, en pensée, en
parole, par action et par omission;

RITOS INICIAIS

CÂNTICO DE ENTRADA

Em nome do Pai e do Filho
e do Espírito Santo.

Amém.

A graça de nosso Senhor Jesus
Cristo, o amor do Pai
e a comunhão do Espírito Santo
estejam convosco!

**Bendito seja Deus que nos reuniu
no amor de Cristo.**

Irmãos e irmãs, reconheçamos
as nossas culpas para celebrar
dignamente os santos mistérios.
Confessemos os nossos pecados:

Confesso a Deus todo-poderoso
e a vós, irmãos e irmãs,
que pequei muitas vezes
por pensamentos e palavras,
atos e omissões,

INTRODUCTORY RITES

ENTRANCE CHANT

In the name of the Father,
and of the Son,
and of the Holy Spirit.

Amen.

The grace of our Lord Jesus Christ,
and the love of God,
and the communion of the Holy Spirit
be with you all.

And with your spirit.

Brethren,
let us acknowledge our sins,
and so prepare ourselves
to celebrate the sacred mysteries.

I confess to almighty God
and to you, my brothers and sisters,
that I have greatly sinned

RITI DI INTRODUZIONE

CANTO D'INGRESSO

Nel nome del Padre e del Figlio
e dello Spirito Santo.

Amen.

La grazia del Signore nostro Gesù
Cristo, l'amore di Dio Padre
e la comunione dello Spirito Santo
sia con tutti voi.

E con il tuo spirito.

Fratelli,
per celebrare degnamente
i santi misteri,
riconosciamo i nostri peccati.

Confesso a Dio onnipotente
e a voi, fratelli,
che ho molto peccato
in pensieri, parole,
opere e omissioni,

RITOS INICIALES

CANTO DE ENTRADA

En el nombre del Padre, y del Hijo,
y del Espíritu Santo.

Amén.

La gracia de nuestro Señor
Jesucristo, el amor del Padre
y la comunión del Espíritu Santo
estén con todos vosotros.

Y con tu espíritu.

Hermanos: antes de celebrar
los sagrados
misterios reconozcamos
nuestros pecados.

Yo confieso, ante Dios todopoderoso
y ante vosotros, hermanos,
que he pecado mucho
de pensamiento, palabra,
obra y omisión,

ERÖFFNUNG

GESANG ZUR ERÖFFNUNG

Im Namen des Vaters und
des Sohnes und des Heiligen Geistes.

Amen.

Die Gnade unseres Herrn Jesus
Christus, die Liebe Gottes des
Vaters und die Gemeinschaft des
Heiligen Geistes sei mit euch.

Und mit deinem Geiste.

Bevor wir das Gedächtnis des
Herrn begehen, wollen wir uns
besinnen. Wir bekennen,
daß wir gesündigt haben.

Ich bekenne Gott, dem
Allmächtigen, und allen Brüdern
und Schwestern, daß ich Gutes
unterlassen und Böses getan habe
ich habe gesündigt in Gedanken,
Worten und Werken,

OBRZĘDY WSTĘPNE

PIEŚŃ NA WEJŚCIE

W imię Ojca i Syna, i Ducha
Świętego.

Amen.

Miłość Boga Ojca, łaska naszego
Pana, Jezusa Chrystusa, i dar
jedności w Duchu Świętym niech
będą z wami wszystkimi.

I z duchem twoim.

Uznajmy przed Bogiem, że jesteśmy
grzeszni, abyśmy mogli z czystym
sercem złożyć Najświętszą Ofiarę.

Spowiadam się Bogu
wszechmogącemu i wam, bracia
i siostry, że bardzo zgrzeszyłem
myślą, mową, uczynkiem
i zaniedbaniem:

mea culpa, mea culpa,
mea maxima culpa.
Ideo precor beátam Mariam
semper Vírginem,
omnes Angelos et Sanctos,
et vos, fratres, oráre pro me
ad Dóminum Deum nostrum.

Misereátur nostri
omnípotens Deus
et, dimíssis peccátis nostris,
perdúcat nos ad vitam aetérnam.
Amen.

KYRIE

Kyrie, eléison.
Kyrie, eléison.

Christe, eléison.
Christe, eléison.

Kyrie, eléison.
Kyrie, eléison.

oui, j'ai vraiment péché.
C'est pourquoi je supplie
la Vierge Marie,
les anges et tous les saints,
et vous aussi, mes frères,
de prier pour moi
le Seigneur notre Dieu.

Que Dieu tout-puissant
nous fasse miséricorde;
qu'il nous pardonne nos péchés
et nous conduise à la vie éternelle.
Amen.

KYRIE

Seigneur, prends pitié.
Seigneur, prends pitié.

O Christ, prends pitié.
O Christ, prends pitié.

Seigneur, prends pitié.
Seigneur, prends pitié.

por minha culpa,
minha tão grande culpa.
E peço à Virgem Maria,
aos anjos e santos e a vós,
irmãos e irmãs,
que rogueis por mim a Deus,
nosso Senhor.

Deus todo-poderoso
tenha compaixão de nós,
perdoe os nossos pecados
e nós conduza à vida eterna.
Amém.

KYRIE

Senhor, tende piedade de nós.
Senhor, tende piedade de nós.

Cristo, tende piedade de nós.
Cristo, tende piedade de nós.

Senhor, tende piedade de nós.
Senhor, tende piedade de nós.

in my thoughts and in my words,
in what I have done and in what
I have failed to do, through
my fault, through my fault,
through my most grievous fault;
therefore I ask blessed Mary ever-
Virgin, all the Angels and Saints,
and you, my brothers and sisters,
to pray for me to the Lord our God.

May almighty God have mercy on us,
forgive us our sins,
and bring us to everlasting life.
Amen.

KYRIE

Lord, have mercy.
Lord, have mercy.

Christ, have mercy.
Christ, have mercy.

Lord, have mercy.
Lord, have mercy.

per mia colpa, mia colpa,
mia grandissima colpa.
E supplico
la beata sempre vergine Maria,
gli angeli, i santi e voi, fratelli,
di pregare per me
il Signore Dio nostro.

Dio onnipotente
abbia misericordia di noi,
perdoni i nostri peccati
e ci conduca alla vita eterna.
Amen.

KYRIE

Signore, pietà.
Signore, pietà.
Cristo, pietà.
Cristo, pietà.
Signore, pietà.
Signore, pietà.

por mi culpa, por mi culpa,
por mi gran culpa.
Por eso ruego a Santa María,
siempre Virgen,
a los Ángeles, a los Santos
y a vosotros, hermanos,
que intercedáis por mí ante Dios,
nuestro Señor.

Dios todopoderoso
tenga misericordia de nosotros,
perdone nuestros pecados
y nos lleva a la vida eterna.
Amén.

KYRIE

Señor, ten piedad.
Señor, ten piedad.
Cristo, ten piedad.
Cristo, ten piedad.
Señor, ten piedad.
Señor, ten piedad.

durch meine Schuld,
durch meine Schuld,
durch meine große Schuld.
Darum bitte ich
die selige Jungfrau Maria,
alle Engel und Heiligen und euch,
Brüder und Schwestern, für mich
zu beten bei Gott, unserem Herrn.

Der allmächtige Gott
erbarme sich unser.
Er lasse uns die Sünden nach und
führe uns zum ewigen Leben.
Amen.

KYRIE

Herr, erbarme dich.
Herr, erbarme dich.
Christus, erbarme dich.
Christus, erbarme dich.
Herr, erbarme dich.
Herr, erbarme dich.

moja wina, moja wina, moja
bardzo wielka wina.
Przeto błagam Najświętszą Maryję,
zawsze Dziewicę, wszystkich
Aniołów i Świętych i was, bracia
i siostry, o modlitwę za mnie do
Pana Boga naszego.

Niech się zmiłuje nad nami Bóg
wszechmogący i odpuściwszy nam
grzechy doprowadzi nas do życia
wiecznego.
Amen.

KYRIE

Panie, zmiłuj się nad nami.
Panie, zmiłuj się nad nami.
Chryste, zmiłuj się nad nami.
Chryste, zmiłuj się nad nami.
Panie, zmiłuj się nad nami.
Panie, zmiłuj się nad nami.

GLORIA

Gloria in excélsis Deo
et in terra pax homínibus
bonae voluntátis.
Laudamus te, benedícimus te,
adoramus te, glorificamus te,
gratias agimus tibi
propter magnam gloriam tuam,
Domine Deus, Rex caelestis,
Deus Pater omnípotens.
Domine Fili unigénite,
Iesu Christe,
Domine Deus, Agnus Dei,
Filius Patris;
qui tollis peccata mundi,
miserere nobis;
qui tollis peccata mundi,
suscipe deprecationem nostram;
qui sedes ad dexteram Patris,
miserere nobis.
Quoniam tu solus Sanctus,
Tu solus Dominus,

GLORIA

Gloire à Dieu, au plus haut
des cieux, et paix sur la terre
aux hommes qu'il aime.
Nous te louons, nous te bénissons,
nous t'adorons, nous te glorifions,
nous te rendons grâce,
pour ton immense gloire,
Seigneur Dieu, Roi du ciel,
Dieu le Père tout-puissant.
Seigneur, Fils unique,
Jésus Christ, Seigneur Dieu,
Agneau de Dieu, le Fils du Père;
toi qui enlèves le péché du monde,
prends pitié de nous;
toi qui enlèves le péché du monde,
reçois notre prière;
toi qui es assis à la droite du Père,
prends pitié de nous.
Car toi seul es saint,
toi seul es Seigneur,
toi seul es le Très-Haut,

GLORIA

Glória a Deus nas alturas,
e paz na terra
aos homens por Ele amados.
Senhor Deus, rei dos céus,
Deus Pai todo-poderoso:
nós vos louvamos,
nós vos bendizemos,
nós vos adoramos,
nós vos glorificamos,
nós vos damos graças
por vossa imensa glória.
Senhor Jesus Cristo, Filho Unigênito,
Senhor Deus, Cordeiro de Deus,
Filho de Deus Pai.
Vós que tirais o pecado do mundo,
tende piedade de nós;
Vós que tirais o pecado do mundo,
acolhei a nossa súplica;
Vós, que estais à direita do Pai,
tende piedade de nós.
Só vós sois o Santo, só vós, o Senhor,

GLORIA

Glory to God in the highest,
and on earth peace to people
of good will.
We praise you, we bless you,
we adore you, we glorify you,
we give you thanks for your great
glory, Lord God, heavenly King,
O God, almighty Father.
Lord Jesus Christ, Only Begotten
Son, Lord God, Lamb of God,
Son of the Father,
you take away the sins of the world,
have mercy on us;
you take away the sins of the world,
receive our prayer;
you are seated at the right hand
of the Father, have mercy on us.
For you alone are the Holy One,
you alone are the Lord,
you alone are the Most High,
Jesus Christ,

GLORIA

Gloria a Dio nell'alto dei cieli
e pace in terra agli uomini
di buona volontà.
Noi ti lodiamo, ti benediciamo,
ti adoriamo, ti glorifichiamo,
ti rendiamo grazie
per la tua gloria immensa,
Signore Dio, Re del cielo,
Dio Padre onnipotente.
Signore, Figlio unigenito,
Gesù Cristo, Signore Dio,
Agnello di Dio, Figlio del Padre,
tu che togli i peccati del mondo,
abbi pietà di noi;
tu che togli i peccati del mondo,
accogli la nostra supplica;
tu che siedi alla destra del Padre,
abbi pietà di noi.
Perché tu solo il Santo,
tu solo il Signore,
tu solo l'Altissimo, Gesù Cristo,

GLORIA

Gloria a Dios en el cielo
y en la tierra paz
a los hombres que ama el Señor.
Por tu immensa gloria
te alabamos, te bendecimos,
te adoramos, te glorificamos,
te damos gracias.
Señor Dios, Rey celestial,
Dios Padre todopoderoso.
Señor, Hijo único, Jesucristo,
Señor Dios, Cordero de Dios,
Hijo del Padre;
tú que quitas el pecado del mundo,
ten piedad de nosotros;
tú que quitas el pecado del mundo,
atiende nuestra súplica;
tú que estás sentado a la derecha
del Padre, ten piedad de nosotros:
porque sólo tú eres Santo,
sólo tú Señor.
sólo tú Altísimo, Jesucristo,

GLORIA Ökumenische Fassung:

Ehre sei Gott in der Höhe
und Friede auf Erden
den Menschen seiner Gnade.
Wir loben dich, wir preisen dich,
wir beten dich an,
wir rühmen dich und danken dir,
denn groß ist deine Herrlichkeit:
Herr und Gott, König des Himmels,
Gott und Vater,
Herrscher über das All.
Herr, eingeborener Sohn,
Jesus Christus.
Herr und Gott, Lamm Gottes,
Sohn des Vaters,
du nimmst hinweg die Sünde
der Welt: erbarme dich unser;
du nimmst hinweg die Sünde
der Welt: nimm an unser Gebet;
du sitzest zur Rechten des Vaters:
erbarme dich unser.
Denn du allein bist der Heilige,

HYMN

Chwała na wysokości Bogu,
a na ziemi pokój ludziom dobrej woli.
Chwalimy Cię. Błogosławimy Cię.
Wielbimy Cię. Wysławiamy Cię.
Dzięki Ci składamy, bo wielka jest
chwała Twoja.
Panie Boże, Królu nieba,
Boże Ojcze wszechmogący,
Panie, Synu Jednorodzony,
Jezu Chryste.
Panie Boże, Baranku Boży,
Synu Ojca:
Który gładzisz, grzechy świata,
zmituj się nad nami.
Który gładzisz grzechy świata,
przyjm błaganie nasze.
Który siedzisz po prawicy Ojca,
zmiłuj się, nad nami.
Albowiem tylko Tyś jest święty.
Tylko Tyś jest Panem.
Tylko Tyś Najwyższy, Jezu Chryste,

Tu solus Altíssimus, Iesu Christe,
cum Sancto Spíritu
in glória Dei Patris.
Amen.

COLLECTA

LITURGIA VERBI

LECTIO PRIMA - PSALMUS
LECTIO SECUNDA - ALLELUIA

EVANGELIUM

Dóminus vobíscum.
Et cum spíritu tuo.
Léctio sancti Evangélii
secúndum N.
Glória tibi, Dómine.

Verbum Dómini.
Laus tibi, Christe.

HOMILIA

Jésus Christ,
avec le Saint-Esprit
dans la gloire de Dieu le Père.
Amen.

PRIÈRE D'OUVERTURE

LITURGIE DE LA PAROLE

PREMIÈRE LECTURE - PSAUME
DEUXIÈME LECTURE - ALLÉLUIA

ÉVANGILE

Le Seigneur soit avec vous.
Et avec votre esprit.
Évangile de Jésus Christ
selon saint N.
Gloire à toi, Seigneur.

Acclamons la Parole de Dieu.
Louange à toi, Seigneur Jésus.

HOMÉLIE

---

só vós, ó Altíssimo, Jesus Cristo,
com o Espírito Santo,
na glória de Deus Pai. Amém.

ORAÇÃO

LITURGIA DA PALAVRA

PRIMEIRA LEITURA - SALMO RESPONSORIAL
SEGUNDA LEITURA - ALELUIA

EVANGELHO

O Senhor esteja convosco!
Ele está no meio de nós.
Proclamação do Evangelho de
Jesus Cristo, escripto por N.
Glória a vós, Senhor.

Palavra da Salvação.
Glória a vós, Senhor.

HOMILIA

---

with the Holy Spirit,
in the glory of God the Father.
Amen.

COLLECT

LITURGY OF THE WORD

FIRST READING - PSALM
SECOND READING - ALLELUIA

GOSPEL

The Lord be with you.
And with your spirit.
A reading from the holy Gospel
according to N.
Glory to you, O Lord.

The Gospel of the Lord.
Praise to you, Lord Jesus Christ.

HOMILY

con lo Spirito Santo
nella gloria di Dio Padre.
Amen.

ORAZIONE

LITURGIA DELLA PAROLA

PRIMA LETTURA
SALMO RESPONSORIALE
SECONDA LETTURA - ALLELUIA

VANGELO

Il Signore sia con voi.
E con il tuo spirito.
Dal Vangelo secondo N.
Gloria a te, o Signore.

Parola del Signore.
Lode a te, o Cristo.

OMELIA

con el Espíritu Santo
en la gloria de Dios Padre.
Amén.

ORACIÓN

LITURGIA DE LA PALABRA

PRIMERA LECTURA
SALMO RESPONSORIAL
SEGUNDA LECTURA - ALELUYA

EVANGELIO

El Señor esté con vosotros.
Y con tu espíritu.
Lectura del santo Evangelio
según san N.
Gloria a ti, Señor.

Palabra del Señor.
Gloria a ti, Señor Jesús.

HOMILÍA

du allein der Herr,
du allein der Höchste, Jesus Christus,
mit dem Heiligen Geist,
zur Ehre Gottes des Vaters. Amen.

TAGESGEBET

WORTGOTTESDIENST

ERSTE LESUNG - ANTWORTPSALM
ZWEITE LESUNG - HALLELUJA

EVANGELIUM

Der Herr sei mit euch.
Und mit deinem Geiste.
Aus dem heiligen Evangelium
nach N.
Ehre sei dir, o Herr.

Evangelium unseres Herrn Jesus
Christus.
Lob sei dir, Christus.

HOMILIE

z Duchem Świętym
w chwale Boga Ojca.
Amen.

KOLEKTA

LITURGIA SŁOWA

PIERWSZE CZYTANIE
PSALM RESPONSORYJNY
DRUGIE CZYTANIE - ALLELUJA

EWANGELIA

Pan z warmi.
I z duchem twoim.
Słowa Ewangelii według
świętego N.
Chwała Tobie, Panie.

Oto słowo Pańskie.
Chwała Tobie, Chryste.

HOMILIA

CREDO

Credo in unum Deum,
Patrem omnipoténtem,
factorem caeli et terrae,
visibilium omnium et invisibilium.
Et in unum Dominum Iesum
Christum, Filium Dei unigénitum,
et ex Patre natum
ante omnia saecula.
Deum de Deo, lumen de lumine,
Deum verum de Deo vero,
génitum, non factum,
consubstantiálem Patri:
per quem omnia facta sunt.
Qui propter nos homines et propter
nostram salutem descéndit de caelis.
Et incarnatus est de Spiritu Sancto
ex Maria Virgine:
et homo factus est.
Crucifixus etiam pro nobis
sub Pontio Pilato;
passus et sepultus est,

CREDO

Je crois en un seul Dieu,
Le Père tout-puissant, créateur
du ciel et de la terre,
de l'univers visible et invisible.
Je crois en un seul Seigneur,
Jésus Christ, le Fils unique de Dieu,
né du Père avant tous les siècles:
Il est Dieu, né de Dieu,
lumière, née de la lumière,
vrai Dieu, né du vrai Dieu.
Engendré, non pas créé,
de même nature que le Père;
et par lui tout a été fait.
Pour nous les hommes, et pour
notre salut, il descendit du ciel.
Par l'Esprit Saint, il a pris chair de
la Vierge Marie, et s'est fait homme.
Crucifié pour nous sous Ponce
Pilate, il souffrit sa passion
et fut mis au tombeau.
Il ressuscita le troisième jour,

PROFISSÃO DE FÉ

Creio em um só Deus,
Pai todo-poderoso,
criador do céu e da terra, de todas
as coisas visíveis e invisíveis.
Creio em um só Senhor,
Jesus Cristo,
Filho Unigênito de Deus,
nascido do Pai
antes de todos os séculos:
Deus de Deus, luz da luz,
Deus verdadeiro de Deus
verdadeiro; gerado, não criado,
consubstancial ao Pai.
Por ele todas as coisas foram feitas.
E por nós, homens, e para nossa
salvação, desceu dos céus:
e se encarnou pelo Espírito Santo,
no seio da Virgem Maria,
e se fez homem.
Também pro nós foi crucificado
sob Pôncio Pilatos;

THE PROFESSION OF FAITH

I believe in one God,
the Father almighty,
maker of heaven and earth,
of all things visible and invisible.
I believe in one Lord Jesus Christ,
the Only Begotten Son of God,
born of the Father before all ages.
God from God, Light from Light,
true God from true God,
begotten, not made,
consubstantial with the Father;
through him all things were made.
For us men and for our salvation
he came down from heaven,
and by the Holy Spirit
was incarnate of the Virgin Mary,
and became man.
For our sake he was crucified
under Pontius Pilate,
he suffered death and was buried,
and rose again on the third day

CREDO

Credo in un solo Dio,
Padre onnipotente,
creatore del cielo e della terra,
di tutte le cose visibili e invisibili.
Credo in un solo Signore, Gesù
Cristo, unigenito Figlio di Dio,
nato dal Padre prima di tutti i secoli.
Dio da Dio, Luce da Luce,
Dio vero da Dio vero,
generato, non creato,
della stessa sostanza del Padre;
per mezzo di lui
tutte le cose sono state create.
Per noi uomini e per la nostra
salvezza discese dal cielo,
e per opera dello Spirito Santo
si è incarnato nel seno
della Vergine Maria e si è fatto uomo.
Fu crocifisso per noi
sotto Ponzio Pilato, morì e fu sepolto.
Il terzo giorno è risuscitato,

CREDO

Creo en un solo Dios,
Padre todopoderoso,
Creador del cielo y de la tierra,
de todo lo visible e invisible.
Creo en un solo Señor, Jesucristo,
Hijo único de Dios, nacido del
Padre antes de todos los siglos:
Dios de Dios, Luz de Luz,
Dios verdadero de Dios verdadero,
engendrado, no creado, de la
misma naturaleza que el Padre,
por quien todo fue hecho;
que por nosotros, los hombres,
y por nuestra salvación bajó del
cielo, y por obra del Espíritu Santo
se encarnó de María, la Virgen,
y se hizo hombre; y por nuestra
causa fue crucificado
en tiempos de Poncio Pilato;
padeció y fue sepultado,
y resucitó al tercer día,

GLAUBENSBEKENNTNIS

Wir glauben an den einen Gott,
den Vater, den Allmächtigen,
der alles geschaffen hat,
Himmel und Erde, die sichtbare
und die unsichtbare Welt.
Und an den einen
Herrn Jesus Christus,
Gottes eingeborenen Sohn,
aus dem Vater geboren vor aller Zeit:
Gott von Gott, Licht vom Licht,
wahrer Gott vom wahren Gott,
gezeugt, nicht geschaffen,
eines Wesens mit dem Vater;
durch ihn ist alles geschaffen.
Für uns Menschen und zu unserem
Heil, ist er vom Himmel gekommen,
hat Fleisch angenommen durch den
Heiligen Geist von der Jungfrau
Maria und ist Mensch geworden.
Er wurde für uns gekreuzigt
unter Pontius Pilatus,

WYZNANIE WIARY

Wierzę w jednego Boga, Ojca
wszechmogącego, Stworzyciela
nieba i ziemi, wszystkich rzeczy
widzialnych i niewidzialnych.
I w jednego Pana Jezusa Chrystusa,
Syna Bożego Jednorodzonego,
który, z Ojca jest zrodzony przed
wszystkimi wiekami. Bóg z Boga,
Światłośćze Światłości, Bóg
prawdziwy z Boga prawdziwego.
Zrodzony a nie stworzony,
współistotny Ojcu, a przez Niego
wszystko się stało. On to dla nas
ludzi i dla naszego zbawienia
zstąpił z nieba.
I za sprawą Ducha Świętego
przyjął ciało z Maryi Dziewicy i stał
się człowiekiem. Ukrzyżowany
również za nas, pod Poncjuszem
Piłatem został umęczony i
pogrzebany.

et resurréxit tertia die
secundum Scripturas,
et ascendit in caelum,
sedet ad dexteram Patris.
Et íterum venturus est cum gloria,
iudicare vivos et mortuos,
cuius regni non erit finis.
Et in Spiritum Sanctum,
Dominum et vivificantem:
qui ex Patre Filioque procedit.
Qui cum Patre et Filio,
simul adoratur et conglorificatur:
qui locutus est per prophetas.
Et unam, sanctam, catholicam
et apostolicam Ecclesiam.
Confiteor unum baptisma
in remissionem peccatorum.
Et expecto
resurrectiónem mortuorum,
et vitam venturi saeculi. Amen.

ORATIO UNIVERSALIS
SEU ORATIO FIDELIUM

conformément aux Écritures,
et il monta au ciel;
il est assis à la droite du Père.
Il reviendra dans la gloire,
pour juger les vivants et les morts;
et son règne n'aura pas de fin.
Je crois en l'Esprit Saint,
qui est Seigneur et qui donne la vie;
il procède du Père et du Fils;
avec le Père et le Fils,
il reçoit même adoration
et même gloire;
il a parlé par les prophètes.
Je crois en l'Église, une, sainte,
catholique et apostolique.
Je reconnais un seul baptême
pour le pardon des péchés.
J'attends la résurrection des morts,
et la vie du monde à venir.
Amen.

PRIÈRE UNIVERSELLE

padeceu e foi sepultado.
Ressuscitou ao terceiro dia,
conforme as Escrituras,
e subiu aos céus,
onde está sentado à direita do Pai.
E de novo há de vir, em sua glória,
para julgar os vivos e os mortos;
e o seu reino não terá fim.
Creio no Espírito Santo,
Senhor que dá a vida, e procede do
Pai e do Filho; e com o Pai e o Filho
é adorado e glorificado.
Ele que falou pelos profetas.
Creio na Igreja,
una, santa, católica e apostólica.
Professo um só batismo para
remissão dos pecados. E espero a
ressurreição dos mortos e a vida
do mundo que há de vir. Amém.

ORAÇÃO DOS FIÉIS

in accordance with the Scriptures.
He ascended into heaven and is seated
at the right hand of the Father.
He will come again in glory
to judge the living and the dead
and his kingdom will have no end.
I believe in the Holy Spirit,
the Lord, the giver of life,
who proceeds from the Father
and the Son, who with the Father
and the Son is adored and glorified,
who has spoken through the prophets.
I believe in one, holy, catholic
and apostolic Church.
I confess one Baptism
for the forgiveness of sins
and I look forward to the resurrection
of the dead and the life
of the world to come.
Amen.

PRAYER OF THE FAITHFUL

secondo le Scritture,
è salito al cielo, siede alla destra
del Padre. E di nuovo verrà,
nella gloria, per giudicare i vivi
e i morti, e il suo regno non avrà fine.
Credo nello Spirito Santo,
che è Signore e dà la vita,
e procede dal Padre e dal Figlio.
Con il Padre e il Figlio
è adorato e glorificato
e ha parlato per mezzo dei profeti.
Credo la Chiesa,
una, santa, cattolica e apostolica.
Professo un solo battesimo
per il perdono dei peccati.
Aspetto la risurrezione dei morti
e la vita del mondo che verrà.
Amen.

PREGHIERA DEI FEDELI

según las Escrituras,
y subió al cielo, y está sentado
a la derecha del Padre;
y de nuevo vendrá con gloria
para juzgar a vivos y muertos,
y su reino no tendrá fin.
Creo en el Espíritu Santo,
Señor y dador de vida,
que procede del Padre y del Hijo,
que con el Padre y el Hijo recibe
una misma adoración y gloria,
y que habló por los profetas.
Creo en la Iglesia, que es una,
santa, católica y apostólica.
Confieso que hay un solo bautismo
para el perdón de los pecados.
Espero la resurrección de los
muertos y la vida del mundo futuro.
Amén.

ORACIÓN DE LOS FIELES

hat gelitten und ist begraben worden,
ist am dritten Tage auferstanden
nach der Schrift und aufgefahren in
den Himmel. Er sitzt zur Rechten des
Vaters und wird wiederkommen in
Herrlichkeit, zu richten die Lebenden
und die Toten; seiner Herrschaft
wird kein Ende sein.
Wir glauben an den Heiligen Geist,
der Herr ist und lebendig macht,
der aus dem Vater und dem Sohn
hervorgeht, der mit dem Vater
und dem Sohn angebetet und
verherrlicht wird, der gesprochen hat
durch die Propheten;
und die eine, heilige, katholische
und apostolische Kirche.
Wir bekennen die eine Taufe zur
Vergebung der Sünden. Wir erwarten
die Auferstehung der Toten, und das
Leben der kommenden Welt. Amen.

ALLGEMEINES GEBET

I zmartwychwstał dnia trzeciego,
jak oznajmia Pismo.
I wstąpił do nieba; siedzi po
prawicy Ojca. I powtórnie
przyjdzie w chwale sądzić żywych i
umarłych, a Królestwu Jego nie
będzie końca.
Wierzę w Ducha Świętego,
Pana i Ożywiciela, który
od Ojca i Syna pochodzi. Który z
Ojcem i Synem wspólnie odbiera
uwielbienie i chwałę; który mówił
przez Proroków.
Wierzę w jeden, święty, powszechny
i apostolski Kościół.
Wyznaję jeden chrzest na
odpuszczenie grzechów. I oczekuję
wskrzeszenia umarłych. I życia
wiecznego w przyszłym świecie.
Amen.

MODLITWA POWSZECHNA

LITURGIA EUCHARISTICA

Benedictus es, Dómine,
Deus univérsi, quia de tua largitáte
accépimus panem,
quem tibi offérimus,
fructum terrae
et óperis mánuum hóminum,
ex quo nobis fiet panis vitae.

Benedictus Deus in saecula.

Benedictus es, Dómine,
Deus univérsi,
quia de tua largitáte
accépimus vinum,
quod tibi offérimus,
fructum vitis
et óperis mánuum hóminum,
ex quo nobis fiet potus spiritális.

Benedictus Deus in saecula.

LITURGIE DE L'EUCHARISTIE

Tu es béni, Dieu de l'univers,
toi qui nous donnes ce pain,
fruit de la terre
et du travail des hommes;
nous te le présentons:
il deviendra le pain de la vie.

**Béni soit Dieu,
maintenant et toujours.**

Tu es béni, Dieu de l'univers,
toi qui nous donnes ce vin,
fruit de la vigne
et du travail des hommes;
nous te le présentons:
il deviendra le vin
du Royaume éternel.

**Béni soit Dieu,
maintenant et toujours.**

LITURGIA EUCARÍSTICA

Bendito sejais, Senhor,
Deus do universo,
pelo pão que recebemos
de vossa bondade, fruto da terra
e do trabalho humano,
que agora vos apresentamos,
e para nós se vai tornar
pão da vida.

Bendito seja Deus para sempre.

Bendito sejais, Senhor,
Deus do universo pelo vinho
que recebemos de vossa bondade,
fruto da videira
e do trabalho humano,
que agora vos apresentamos
e para nós se vai tornar
vinho da salvação.

Bendito seja Deus para sempre.

LITURGY OF THE EUCHARIST

Blessed are you,
Lord God of all creation,
for through your goodness we have
received the bread we offer you:
fruit of the earth
and work of human hands,
it will become for us
the bread of life.

Blessed be God for ever.

Blessed are you,
Lord God of all creation,
for through your goodness we have
received the wine we offer you:
fruit of the vine
and work of human hands,
it will become our spiritual drink.

Blessed be God for ever.

LITURGIA EUCARISTICA

Benedetto sei tu, Signore,
Dio dell'universo: dalla tua bontà
abbiamo ricevuto questo pane,
frutto della terra e del lavoro
dell'uomo; lo presentiamo a te,
perché diventi per noi
cibo di vita eterna.

Benedetto nei secoli il Signore.

Benedetto sei tu, Signore,
Dio dell'universo: dalla tua bontà
abbiamo ricevuto questo vino,
frutto della vite, e del lavoro
dell'uomo; lo presentiamo a te,
perché diventi per noi
bevanda di salvezza.

Benedetto nei secoli il Signore.

LITURGIA EUCARÍSTICA

Bendito seas, Señor, Dios del
universo por este pan, fruto de la
tierra y del trabajo del hombre,
que recibimos de tu generosidad
y ahora te presentamos:
él será para nosotros pan de vida.

Bendito seas por siempre, Señor.

Bendito seas, Señor, Dios del
universo por este vino, fruto de la
vid y del trabajo del hombre,
que recibimos de tu generosidad
y ahora te presentamos:
él será para nosotros bebida
de salvación.

Bendito seas por siempre, Señor.

EUCHARISTIEFEIER

Gepriesen bist du, Herr, unser Gott,
Schöpfer der Welt. Du schenkst uns
das Brot, die Frucht der Erde und der
menschlichen Arbeit. Wir bringen
dieses Brot vor dein Angesicht, damit
es uns das Brot des Lebens werde.

**Gepriesen bist du in Ewigkeit,
Herr, unser Gott.**

Gepriesen bist du, Herr, unser Gott,
Schöpfer der Welt.
Du schenkst uns den Wein, die
Frucht des Weinstocks und der
menschlichen Arbeit. Wir bringen
diesen Kelch vor dein Angesicht,
damit er uns der Kelch
des Heiles werde.

**Gepriesen bist du in Ewigkeit,
Herr, unser Gott.**

LITURGIA EUCHARYSTYCZNA

Błogosławiony jesteś, Panie, Boże
wszechświata, bo dzięki Twojej
hojności otrzymaliśmy chleb, który
jest owocem ziemi i pracy rąk
ludzkich; Tobie go przynosimy,
aby stał się dla nas chlebem życia.

**Błogosławiony jesteś, Boże,
teraz i na wieki.**

Błogosławiony jesteś, Panie, Boże
wszechświata, bo dzięki Twojej
hojności otrzymaliśmy wino, które
jest owocem winnego krzewu i
pracy rąk ludzkich; Tobie je
przynosimy, aby stało się dla nas
napojem duchowym.

**Błogosławiony jesteś, Boże,
teraz i na wieki.**

Orate, fratres, ut meum ac
vestrum sacrifícium acceptábile
fiat apud Deum Patrem
omnipoténtem.

Suscípiat Dóminus sacrificium
de mánibus tuis
ad laudem et glóriam nóminis sui,
ad utilitátem quoque nostram
totiúsque Ecclesiae suae sanctae.

ORATIO SUPER OBLATA

Prions ensemble, au moment
d'offrir le sacrifice de toute
l'Église.

Pour la gloire de Dieu
et le salut du monde.

PRIÈRE SUR LES OFFRANDES

Dóminus vobíscum.
Et cum spíritu tuo.
Sursum corda.
Habémus ad Dóminum.
Grátias agámus Dómino
Deo nostro.
Dignum et iustum est.

Le Seigneur soit avec vous.
Et avec votre esprit.
Élevons notre coeur.
Nous le tournons vers le Seigneur.
Rendons grâce
au Seigneur notre Dieu.
Cela est juste et bon.

Orai, irmãos e irmãs,
para que o nosso sacrifício
seja aceito
por Deus Pai todo-poderoso.

Receba o Senhor por tuas mãos
este sacrifício,
**para glória do seu nome,
para nosso bem
e de toda a santa Igreja.**

ORAÇÃO SOBRE AS OFERENDAS

Pray, brethren,
that my sacrifice and yours
may be acceptable to God,
the almighty Father.

May the Lord
accept the sacrifice at your hands
for the praise and glory
of his name, for our good
and the good
of all his holy Church.

PRAYER OVER THE OFFERINGS

O Senhor esteja convosco!
Ele está no meio de nós.
Corações ao alto!
O nosso coração está em Deus.
Demos graças ao Senhor,
nosso Deus.
É nosso dever é nossa salvação.

The Lord be with you.
And with your spirit.
Litf up your hearts.
We lift them up to the Lord.
Let us give thanks
to the Lord our God.
It is right and just.

Pregate, fratelli,
perché il mio e vostro sacrificio
sia gradito a Dio, Padre onnipotente.

Il Signore riceva dalle tue mani
questo sacrificio
a lode e gloria del suo nome,
per il bene nostro
e di tutta la sua santa Chiesa.

ORAZIONE SULLE OFFERTE

Orad, hermanos, para que este
sacrificio, mío y vuestro,
sea agradable a Dios,
Padre todopoderoso.

El Señor reciba de tus manos
este sacrificio,
para alabanza y gloria
de su Nombre,
para nuestro bien
y el de toda su santa Iglesia.

ORACIÓN SOBRE LAS OFRENDAS

Il Signore sia con voi.
E con il tuo spirito.
In alto i nostri cuori.
Sono rivolti al Signore.
Rendiamo grazie al Signore,
nostro Dio.
È cosa buona e giusta.

El Señor esté con vosotros.
Y con tu espíritu.
Levantemos el corazón.
Lo tenemos levantado hacia el Señor.
Demos gracias al Señor,
nuestro Dios.
Es justo y necesario.

Betet, Brüder und Schwestern,
daß mein und euer Opfer Gott,
dem allmächtigen Vater, gefalle.

Der Herr nehme das Opfer
an aus deinen Händen zum Lob
und Ruhm seines Namens, zum
Segen für uns und seine ganze
heilige Kirche.

GABENGEBET

Módlcie się, aby moją i waszą
Ofiarę przyjął Bóg, Ojciec
wszechmogący.

Niech Pan przyjmie Ofiarę
z rąk twoich na cześć i chwałę
swojego imienia, a także na
pożytek nasz i całego Kościoła
świętego.

MODLITWA NAD DARAMI

Der Herr sei mit euch.
Und mit deinem Geiste.
Erhebet die Herzen.
Wir haben sie beim Herrn.
Lasset uns danken dem Herrn,
unserm Gott.
Das ist würdig und recht.

Pan z wami.
I z duchem twoim.
W górę serca.
Wznosimy je do Pana.
Dzięki składajmy Panu Bogu
naszemu.
Godne to i sprawiedliwe.

Prex Eucharistica III, p. 30

PREX EUCHARISTICA II

Vere dignum et iustum est,
aequum et salutáre, nos tibi,
sancte Pater,
semper et ubíque grátias ágere
per Filium dilectiónis tuae
Iesum Christum,
Verbum tuum
per quod cuncta fecísti:
quem misísti nobis
Salvatórem et Redemptórem,
incarnátum de Spíritu Sancto
et ex Virgine natum.

Qui voluntátem tuam adímplens
et pópulum tibi sanctum acquirens
exténdit manus cum paterétur,
ut mortem sólveret
et resurrectiónem manifestáret.

Prière Eucharistique III, p. 30

PRIÈRE EUCHARISTIQUE II

Vraiment, Père très saint,
il est juste et bon de te rendre grâce,
toujours et en tout lieu,
par ton Fils bien-aimé, Jésus Christ:
car il est ta Parole vivante,
par qui tu as créé toutes choses;
c'est lui que tu nous as envoyé
comme Rédempteur et Sauveur,
Dieu fait homme, conçu de l'Esprit
Saint, né de la Vierge Marie.

Pour accomplir jusqu'au bout ta
volonté et rassembler du milieu
des hommes un peuple saint qui
t'appartienne, il étendit les mains à
l'heure de sa passion, afin que soit
brisée la mort, et que la résurrection
soit manifestée.

Oraçao Eucarístia III, p. 30

ORAÇÃO EUCARÍSTICA II

Na verdade é justo e necessário,
é nosso dever e salvação
dar-vos graças,
sempre e em todo o lugar,
Senhor, Pai santo,
Deus eterno e todo-poderoso,
por Cristo, Senhor nosso.
Ele é a vossa palavra viva,
pela qual tudo criastes.
Ele é o nosso Salvador e Redentor,
verdadeiro homem,
concebido do Espírito Santo
e nascido da Virgem Maria.
Ele, para cumprir a vossa vontade,
e reunir um povo santo
em vosso louvor, estendeu os braços
na hora de sua paixão
a fim de vencer a morte
e manifestar a ressurreição.

Eucharistic Prayer III, p. 30

EUCHARISTIC PRAYER II

It is truly right and just,
our duty and our salvation,
always and everywhere
to give you thanks,
Father most holy,
through your beloved Son,
Jesus Christ, your Word
through whom you made all things,
whom you sent as our Saviour
and Redeemer, incarnate
by the Holy Spirit
and born of the Virgin.
Fulfilling your will
and gaining for you a holy people,
he stretched out his hands
as he endured his Passion,
so as to break the bonds of death
and manifest the resurrection.

Preghiera Eucaristica III, p. 31

PREGHIERA EUCARISTICA II

È veramente cosa buona e giusta,
nostro dovere e fonte di salvezza,
rendere grazie sempre e in ogni
luogo a te, Padre santo, per Gesù
Cristo, tuo dilettissimo Figlio.
Egli è la tua Parola vivente,
per mezzo di lui hai creato
tutte le cose, e lo hai mandato a noi
salvatore e redentore,
fatto uomo
per opera dello Spirito Santo
e nato dalla Vergine Maria.

Per compiere la tua volontà
e acquistarti un popolo santo,
egli stese le braccia sulla croce,
morendo distrusse la morte
e proclamò la risurrezione.

Plegaria Eucarística III, p. 31

PLEGARIA EUCARÍSTICA II

En verdad es justo y necesario,
es nuestro deber y salvación,
darte gracias, Padre Santo,
siempre y en todo lugar,
por Jesucristo, tu Hijo amado.
Por él, que es tu Palabra,
hiciste todas las cosas;
tú nos lo enviaste
para que, hecho hombre
por obra del Espíritu Santo
y nacido de María, la Virgen,
fuera nuestro Salvador y Redentor.

Él, en cumplimiento de tu voluntad,
para destruir la muerte
y manifestar la resurrección,
extendió sus brazos en la cruz,
y así adquirió para ti un pueblo santo.

Drittes Hochgebet, s. 31

ZWEITES HOCHGEBET

In Wahrheit ist es würdig und recht,
dir, Herr, heiliger Vater, immer und
überall zu danken durch deinen
geliebten Sohn Jesus Christus.
Er ist dein Wort,
durch ihn hast du alles erschaffen.
Ihn hast du gesandt als unseren
Erlöser und Heiland.
Er ist Mensch geworden durch
den Heiligen Geist,
geboren von der Jungfrau Maria.
Um deinen Ratschluß zu erfüllen
und dir ein heiliges Volk zu
erwerben, hat er sterbend die Arme
ausgebreitet am Holze des Kreuzes.
Er hat die Macht des Todes
gebrochen und die Auferstehung
kundgetan.

Modlitwa Eucharystyczna III, s. 31

DRUGA MODLITWA EUCHARYSTYCZNA

Zaprawdę, godne to i sprawiedliwe,
słuszne i zbawienne, abyśmy Tobie,
Ojcze święty, zawsze i wszędzie
składali dziękczynienie przez
umiłowanego Syna Twojego,
Jezusa Chrystusa.
On jest Słowem Twoim, przez
które wszystko stworzyłeś.
Jego nam zesłałeś jako Zbawiciela i
Odkupiciela, który stał się
człowiekiem za sprawą Ducha
Świętego i narodził się z Dziewicy.
On spełniając Twoją wolę, nabył
dla Ciebie lud święty, gdy
wyciągnął swoje ręce na krzyżu,
aby śmierć pokonać i objawić moc
Zmartwychwstania.

Et ídeo cum Angelis
et ómnibus Sanctis,
glóriam tuam praedicámus,
una voce dicéntes:

Sanctus, Sanctus, Sanctus
Dóminus Deus Sábaoth.
Pleni sunt caeli et terra gloria tua.
Hosanna in excelsis.
Benedictus qui venit
in nomine Domini.
Hosanna in excelsis.

Vere Sanctus es, Dómine,
fons omnis sanctitátis.
Haec ergo dona, quaesumus,
Spiritus tui rore sanctífica,
ut nobis Corpus et ☦ Sanguis fiant
Dómini nostri Iesu Christi.

C'est pourquoi, avec les anges et
tous les saint, nous proclamons ta
gloire, en chantant (disant) d'une
seule voix:

Saint, Saint, Saint le Seigneur,
Dieu de l'univers.
Le ciel et la terre
sont remplis de ta gloire.
Hosanna au plus haut des cieux.
Béni soit celui qui vient
au nom du Seigneur.
Hosanna au plus haut des cieux.

Toi qui es vraiment saint,
toi qui es la source de toute sainteté,
Seigneur, nous te prions:
sanctifie ces offrandes
en répandant sur elles ton Esprit;
qu'elles deviennent pour nous
le corps et ☦ le sang de Jésus,
le Christ, notre Seigneur.

Por ele os anjos celebram
vossa grandeza e os santos prolamam
vossa gloria. Concedei-nos também
a nós associar-nos a seus louvores,
cantando (dizendo) a uma só voz:

Santo, Santo, Santo,
Senhor, Deus do universo!
O céu e a terra proclamam
a vossa glória.
Hosana nas alturas!
Bendito o que vem
em nome do Senhor!
Hosana nas alturas!

Na verdade, ó Pai, vós sois santo
e fonte de toda santidade.
Santificai, pois, estas oferendas,
derramando sobre elas o vosso
Espírito, a fim de que se tornem
para nós o Corpo e ☦ o Sangue
de Jesus Cristo,
vosso Filho e Senhor nosso.

And so, with the Angels
and all the Saints
we declare your glory,
as with one voice we acclaim:

Holy, Holy, Holy Lord God of hosts.
Heaven and earth
are full of your glory.
Hosanna in the highest.
Blessed is he who comes
in the name of the Lord.
Hosanna in the highest.

You are indeed Holy, O Lord,
the fount of all holiness.
Make holy, therefore, these gifts,
we pray, by sending down your Spirit
upon them like the dewfall,
so that they may become for us
the Body and ☦ Blood
of our Lord Jesus Christ.
At the time he was betrayed and
entered willingly into his Passion,

Per questo mistero di salvezza,
uniti agli angeli e ai santi, cantiamo
a una sola voce la tua gloria:

Santo, Santo,
Santo il Signore Dio dell'universo.
I cieli e la terra
sono pieni della tua gloria.
Osanna nell'alto dei cieli.
Benedetto colui che viene
nel nome del Signore.
Osanna nell'alto dei cieli.

Padre veramente santo,
fonte di ogni santità,
santifica questi doni con l'effusione
del tuo Spirito,
perché diventino per noi
il corpo e † il sangue di Gesù Cristo
nostro Signore.

Por eso con los ángeles y los santos
proclamamos tu gloria, diciendo:

Santo, Santo, Santo es el Señor,
Dios del Universo.
Llenos están el cielo y la tierra
de tu gloria.
Hosanna en el cielo.
Bendito el que viene
en nombre del Señor.
Hosanna en el cielo.

Santo eres en verdad, Señor,
fuente de toda santidad;
por eso te pedimos que santifiques
estos dones con la efusión de tu
Espíritu, de manera que sean para
nosotros Cuerpo y † Sangre
de Jesucristo, nuestro Señor.

Darum preisen wir dich mit allen
Engeln und Heiligen und singen
vereint mit ihnen das Lob deiner
Herrlichkeit:

Heilig, heilig, heilig Gott,
Herr aller Mächte und Gewalten.
Erfüllt sind Himmel und Erde
von deiner Herrlichkeit.
Hosanna in der Höhe.
Hochgelobt sei, der da kommt im
Namen des Herrn.
Hosanna in der Höhe.

Ja, du bist heilig, großer Gott,
du bist der Quell aller Heiligkeit.
Darum bitten wir dich:
Sende deinen Geist auf diese Gaben
herab und heilige sie, damit sie uns
werden Leib und † Blut deines
Sohnes, unseres Herrn Jesus Christus.

Dlatego z Aniołami i wszystkimi
Świętymi głosimy Twoją chwałę,
razem z nimi wołając:

Święty, Święty, Święty,
Pan Bóg Zastępów.
Pełne są niebiosa i
ziemia chwały Twojej.
Hosanna na wysokości.
Błogosławiony, który
idzie w imię Pańskie.
Hosanna na wysokości.

Zaprawdę, święty jesteś, Boże,
źródło wszelkiej świętości.
Uświęć te dary mocą
Twojego Ducha,
aby stały się dla nas Ciałem
i † Krwią naszego Pana,
Jezusa Chrystusa.

Qui cum Passióni
voluntárie traderétur,
accépit panem
et grátias ágens fregit,
dedítque discípulis suis, dicens:

ACCÍPITE ET MANDUCATE EX HOC
OMNES: HOC EST ENIM CORPUS MEUM,
QUOD PRO VOBIS TRADÉTUR.

Símili modo,
postquam cenátum est,
accípiens et cálicem,
iterum grátias ágens
dedit discípulis suis, dicens:

ACCÍPITE ET BIBITE EX EO OMNES:
HIC EST ENIM CALIX SANGUINIS MEI
NOVI ET AETERNI TESTAMENTI,
QUI PRO VOBIS
ET PRO MULTIS EFFUNDETUR
IN REMISSIONEM PECCATORUM.
HOC FÁCITE
IN MEAM COMMEMORATIONE.

Au moment d'être livré
et d'entrer librement
dans sa passion, il prit le pain,
il rendit grâce, il le rompit
et le donna à ses disciples, en disant:

PRENEZ, ET MANGEZ-EN TOUS:
CECI EST MON CORPS LIVRÉ POUR VOUS.

De même, à la fin du repas,
il prit la coupe;
de nouveau il rendit grâce
et la donna à ses disciples, en disant:

PRENEZ, ET BUVEZ-EN TOUS,
CAR CECI EST LA COUPE
DE MON SANG.
LE SANG DE L'ALLIANCE NOUVELLE
ET ÉTERNELLE, QUI SERA VERSÉ
POUR VOUS ET POUR LA MULTITUDE
EN RÉMISSION DES PÊCHÉS.
VOUS FEREZ CELA,
EN MÉMOIRE DE MOI.

Santificai nossa oferenda, ó Senhor.

Estando para ser entregue
e abraçando livremente a paixão,
ele tomou o pão
deu graças, e o partiu
e deu a seus discípulos, dizendo:

TOMAI, TODOS, E COMEI:
ISTO É O MEU CORPO,
QUE SERÁ ENTREGUE POR VOS.

Do mesmo modo, ao fim da ceia,
ele tomou o cálice em suas mãos,
deu graças novamente,
e o deu a seus discípulos, dizendo:

TOMAI, TODOS, E BEBEI:
ESTE É O CÁLICE DO MEU SANGUE,
O SANGUE DA NOVA E ETERNA ALIANÇA,
QUE SERÁ DERRAMADO PER VÓS
E POR TODOS
PARA REMISSÃO DOS PECADOS.
FAZEI ISTO EM MEMÓRIA DE MIM.

he took bread and,
giving thanks, broke it,
and gave it to his disciples, saying:

TAKE THIS, ALL OF YOU, AND EAT OF IT,
FOR THIS IS MY BODY,
WHICH WILL BE GIVEN UP FOR YOU.

In a similar way,
when supper was ended,
he took the chalice
and, once more giving thanks,
he gave it to his disciples, saying:

TAKE THIS, ALL OF YOU,
AND DRINK FROM IT,
FOR THIS IS THE CHALICE OF MY BLOOD,
THE BLOOD OF THE NEW AND
ETERNAL COVENANT,
WHICH WILL BE POURED OUT FOR YOU
AND FOR MANY
FOR THE FORGIVENESS OF SINS.
DO THIS IN MEMORY OF ME.

Egli, offrendosi liberamente
alla sua passione, prese il pane
e rese grazie, lo spezzò,
lo diede ai suoi discepoli, e disse:

PRENDETE, E MANGIATENE TUTTI:
QUESTO È IL MIO CORPO
OFFERTO IN SACRIFICIO PER VOI.

Dopo la cena, allo stesso modo,
prese il calice e rese grazie,
lo diede ai suoi discepoli, e disse:

PRENDETE, E BEVETENE TUTTI:
QUESTO È IL CALICE DEL MIO SANGUE
PER LA NUOVA ED ETERNA ALLEANZA,
VERSATO PER VOI E PER TUTTI
IN REMISSIONE DEI PECCATI.
FATE QUESTO IN MEMORIA DI ME.

El cual, cuando iba a ser entregado
a su Pasión,
voluntariamente aceptada, tomó pan,
dándote gracias, lo partió
y lo dio a sus discípulos diciendo:

TOMAD Y COMED TODOS DE ÉL,
PORQUE ESTO ES MI CUERPO,
QUE SERÁ ENTREGADO POR VOSOTROS.

Del mismo modo,
acabada la cena, tomó el cáliz,
y, dándote gracias de nuevo,
lo pasó a sus discípulos, diciendo:

TOMAD Y BEBED TODOS DE ÉL,
PORQUE ÉSTE ES EL CÁLIZ DE MI
SANGRE, SANGRE DE LA ALIANZA
NUEVA Y ETERNA,
QUE SERÁ DERRAMADA
POR VOSOTROS
Y POR TODOS LOS HOMBRES
PARA EL PERDON DE LOS PECADOS.
HACED ESTO
EN COMMEMORACIÓN MÍA.

Denn am Abend, an dem er
ausgeliefert wurde und sich aus
freiem Willen dem Leiden
unterwarf, nahm er das Brot und
sagte Dank, brach es, reichte es
seinen Jüngern und sprach:

NEHMET UND ESSET ALLE DAVON:
DAS IST MEIN LEIB,
DER FÜR EUCH HINGEGEBEN WIRD.

Ebenso nahm er nach dem Mahl
den Kelch, dankte wiederum,
reichte ihn seinen Jüngern
und sprach:

NEHMET UND TRINKET ALLE DARAUS:
DAS IST DER KELCH
DES NEUEN UND EWIGEN BUNDES,
MEIN BLUT, DAS FÜR EUCH
UND FÜR ALLE VERGOSSEN WIRD
ZUR VERGEBUNG DER SÜNDEN.
TUT DIES ZU MEINEM GEDÄCHTNIS.

On to, gdy dobrowolnie wydał się
na mękę,
wziął chleb i dzięki Tobie
składając, łamał i rozdawał swoim
uczniom, mówiąc:

BIERZCIE I JEDZCIE Z TEGO
WSZYSCY:
TO JEST BOWIEM CIAŁO MOJE,
KTÓRE ZA WAS BĘDZIE WYDANE.

Podobnie po wieczerzy wziął
kielich i ponownie dzięki Tobie
składając podał swoim uczniom,
mówiąc:

BIERZCIE I PIJCIE Z NIEGO WSZYSCY:
TO JEST BOWIEM KIELICH KRWI
MOJEJ NOWEGO I WIECZNEGO
PRZYMIERZA, KTÓRA ZA WAS I ZA
WIELU BĘDZIE WYLANA NA
ODPUSZCZENIE GRZECHÓW.
TO CZYŃCIE NA MOJĄ PAMIĄTKĘ.

Mysterium fídei.

**Mortem tuam annuntiámus,
Dómine, et tuam resurrectiónem
confitémur,
donec vénias.**

Mémores ígitur mortis
et resurrectionis eius,
tibi, Dómine,
panem vitae
et calicem salútis offérimus,
grátias agéntes
quia nos dignos habuisti
astáre coram te et tibi ministráre.

Et súpplices deprecámur
ut Corporis et Sánguinis Christi
partícipes a Spíritu Sancto
congrégemur in unum.

Il est grand, le mystère de la foi.

**Nous proclamons ta mort,
Seigneur Jésus,
nous célébrons ta résurrection,
nous attendons ta venue
dans la gloire.**

Faisant ici mémoire de la mort
et de la résurrection de ton Fils,
nous t'offrons, Seigneur,
le pain de la vie et la coupe du salut,
et nous te rendons grâce,
car tu nous as choisis pour servir
en ta présence.

Humblement, nous te demandons
qu'en ayant part au corps
et au sang du Christ,
nous soyons rassemblés
par l'Esprit Saint en un seul corps.

Eis o mistério da fé!

**Anunciamos, Senhor, a vossa morte
e proclamamos a vossa ressureição.
Vinde, Senhor Jesus!**

Celebrando, pois, a memória da
morte e ressurreição do vosso Filho,
nós vos oferecemos, ó Pai,
o pão da vida
e o cálice da salvação;
e vos agradecemos porque
nos tornastes dignos de estar aqui
na vossa presença e vos servir.

Recebei, ó Senhor, a nossa oferta.

E nós vos suplicamos
que, participando do Corpo
e Sangue de Cristo,
sejamos reunidos
pelos Espírito Santo num só corpo.

**Fazei de nós um só corpo
e um só espírito.**

The mystery of faith.

**We proclaim your Death, O Lord,
and profess your Resurrection
until you come again.**

Therefore, as we celebrate
the memorial of his Death and
Resurrection,
we offer you, Lord, the Bread of life
and the Chalice of salvation,
giving thanks that you have held us
worthy to be in your presence
and minister to you.

Humbly we pray that,
partaking of the Body
and Blood of Christ,
we may be gathered
into one by the Holy Spirit.

Mistero della fede.

Annunziamo la tua morte, Signore, proclamiamo la tua risurrezione, nell'attesa della tua venuta.

Celebrando il memoriale
della morte e risurrezione
del tuo Figlio, ti offriamo, Padre,
il pane della vita
e il calice della salvezza,
e ti rendiamo grazie
per averci ammessi
alla tua presenza
a compiere il servizio sacerdotale.

Ti preghiamo umilmente:
per la comunione al corpo
e al sangue di Cristo
lo Spirito Santo
ci riunisca in un solo corpo.

Éste es el Sacramento de nuestra fe.

Anunciamos tu muerte, proclamamos tu resurrección. ¡Ven, Señor Jesús!

Así, pues, Padre,
al celebrar ahora el memorial
de la muerte y resurrección
de tu Hijo,
te ofrecemos el pan de vida
y el cáliz de salvación,
y te damos gracias
porque nos haces dignos de servirte
en tu presencia.

Te pedimos humildemente
quel el Espíritu Santo
congregue en la unidad
a cuantos participamos
del Cuerpo y Sangre de Cristo.

Geheimnis des Glaubens.

Deinen Tod, o Herr, verkünden wir, und deine Auferstehung preisen wir, bis du kommst in Herrlichkeit.

Darum, gütiger Vater,
feiern wir das Gedächtnis
des Todes und der Auferstehung
deines Sohnes und bringen
dir so das Brot des Lebens
und den Kelch des Heiles dar.
Wir danken dir,
daß du uns berufen hast,
vor dir zu stehen und dir zu dienen.

Wir bitten dich:
Schenke uns Anteil
an Christi Leib und Blut, und laß
uns eins werden durch
den Heiligen Geist.

Oto wielka tajemnica wiary.

Głosimy śmierć Twoją, Panie Jezu, wyznajemy Twoje zmartwychwstanie i oczekujemy Twego przyjścia w chwale.

Wspominając śmierć
i zmartwychwstanie Twojego Syna,
ofiarujemy Tobie, Boże,
Chleb życia i Kielich zbawienia
i dziękujemy, że nas wybrałeś,
abyśmy stali przed
Tobą i Tobie służyli.

Pokornie błagamy,
aby Duch Święty
zjednoczył nas wszystkich,
przyjmujących
Ciało i Krew Chrystusa.

Recordáre, Dómine, Ecclésiae tuae
toto orbe diffúsae,
ut eam in caritáte perfícias
una cum Papa nostro N.
et Epíscopo nostro N.
et univérso clero.

Meménto etiam
fratrum nostrórum,
qui in spe resurrectiónis
dormiérunt,
omniúmque in tua miseratióne
defunctórum,
et eos in lumen vultus tui admítte.

Omnium nostrum, quaesumus,
miserére,
ut cum beáta Dei Genetrice
Virgine Maria, beátis Apóstolis
et ómnibus Sanctis,
qui tibi a saeculo placuérunt,
aetérnae vitae mereámur esse
consórtes,

Souviens-toi, Seigneur,
de ton Église répandue
à travers le monde:
fais-la grandir dans ta charité avec
le Pape N., notre évêque N., et tous
ceux qui ont la charge de ton peuple.

Souviens-toi aussi de nos frères
qui se sont endormis
dans l'espérance de la résurrection,
et de tous les hommes
qui ont quitté cette vie:
reçois-les dans ta lumière,
auprès de toi.

Sur nous tous enfin
nous implorons ta bonté:
permets qu'avec la Vierge Marie,
la bienheureuse Mère de Dieu,
avec les Apôtres
et les saints de tous les temps
qui ont vécu dans ton amitié,
nous ayons part à la vie éternelle,

Lembrai-vos, ó Pai,
da vossa Igreja
que se faz presente pelo mundo inteiro:
que ela cresça na caridade,
com o papa N.,
com o nosso bispo N.
e todos os ministros do vosso povo.

Lembrai-vos, ó Pai, da vossa Igreja.

Lembrai-vos também
dos outros nossos irmãos e irmãs
que morreram na esperança
da ressurreição e de todos
os que partiram desta vida:
acolhei-os junto a vós
na luz da vossa face.

Lembrai-vos, ó Pai, dos vossos filhos.

Enfim, nós vos pedimos,
tende piedade de todos nós
e dai-nos participar da vida eterna,
com a Virgem Maria, mãe de Deus,

Remember, Lord, your Church,
spread throughout the world,
and bring her to the fullness
of charity,
together with N. our Pope
and N. our Bishop
and all the clergy.

Remember also our brothers
and sisters who have fallen asleep
in the hope of the resurrection,
and all who have died in your mercy:
welcome them into the light
of your face.
Have mercy on us all, we pray,
that with the Blessed Virgin Mary,
Mother of God,
with the blessed Apostles, and all
the Saints who have pleased you
throughout the ages,
we may merit to be coheirs
to eternal life, and may praise

Ricordati, Padre, della tua Chiesa
diffusa su tutta la terra:
rendila perfetta nell'amore
in unione con il nostro Papa N.,
il nostro Vescovo N.,
e tutto l'ordine sacerdotale.

Ricordati dei nostri fratelli,
che si sono addormentati
nella speranza della risurrezione
e di tutti i defunti che si affidano
alla tua clemenza:
ammettili a godere
la luce del tuo volto.

Di noi tutti abbi misericordia:
donaci di aver parte
alla vita eterna,
insieme con la beata Maria,
Vergine e Madre di Dio,
con gli apostoli e tutti i santi,
che in ogni tempo ti furono graditi:

Acuérdate, Señor,
de tu Iglesia extendida
por toda la tierra;
y con el Papa N.,
con nuestro Obispo N.
y todos los pastores que cuidan de
tu pueblo, llévala a su perfección
por la caridad.

Acuérdate también de nuestros
hermanos que durmieron
en la esperanza de la resurrección,
y de todos los que han muerto
en tu misericordia;
admítelos a contemplar la luz
de tu rostro.

Ten misericordia de todos nosotros,
y así, con Maria, la Virgen
Madre de Dios, los apóstoles
y cuantos vivieron en tu amistad
a través de los tiempos,

Gedenke deiner Kirche auf der
ganzen Erde und vollende dein
Volk in der Liebe, vereint mit
unserem Papst N.,
unserem Bischof N.
und allen Bischöfen,
unseren Priestern und Diakonen
und mit allen, die zum Dienst
in der Kirche bestellt sind.

Gedenke (aller) unserer Brüder und
Schwestern, die entschlafen sind in
der Hoffnung, daß sie auferstehen.
Nimm sie und alle, die in deiner
Gnade aus dieser Welt geschieden
sind, in dein Reich auf, wo sie dich
schauen von Angesicht zu Angesicht.
Vater, erbarme dich über uns alle,
damit uns das ewige Leben zuteil
wird in der Gemeinschaft mit der
seligen Jungfrau
und Gottesmutter Maria,
mit deinen Aposteln und mit allen,

Pamiętaj, Boże, o Twoim Kościele
na całej ziemi. Spraw, aby lud
Twój wzrastał w miłości razem z
naszym Papieżem N.,
naszym Biskupem N.
oraz całym duchowieństwem.

Pamiętaj także o naszych zmarłych
braciach i siostrach, którzy zasnęli
z nadzieją zmartwychwstania,
i o wszystkich,
którzy w Twojej łasce
odeszli z tego świata.
Dopuść ich do oglądania
Twojej światłości.
Prosimy Cię, zmiłuj się nad nami
wszystkimi i daj nam udział w
życiu wiecznym z Najświętszą
Bogurodzicą Dziewicą Maryją,
ze świętymi Apostołami,
i wszystkimi Świętymi,
którzy w ciągu wieków
podobali się Tobie,

et te laudémus et glorificémus
per Filium tuum Iesum Christum.

Per ipsum, et cum ipso, et in ipso,
est tibi Deo Patri omnipoténti,
in unitáte Spíritus Sancti,
omnis honor et glória
per ómnia saecula saeculórum.

Amen.

et que nous chantions ta louange,
par Jésus Christ, ton Fils bien-aimé.

Par lui, avec lui et en lui,
à toi, Dieu le Père tout puissant,
dans l'unité du Saint-Esprit,
tout honneur et toute gloire,
pour les siècles des siècles.

Amen.

com os santos Apóstolos
e todos os que neste mundo
vos serviram,
a fim de vos louvarmos
e glorificarmos,
por Jesus Cristo, vosso Filho.

Concedei-nos o convívio dos eleitos.

Por Cristo, com Cristo, em Cristo,
a vós, Deus Pai todo-poderoso,
na unidade do Espírito Santo,
toda a honra e toda a glória
agora e para sempre.

Amém.

and glorify you
through your Son, Jesus Christ.

Through him,
and with him,
and in him,
O God, almighty Father,
in the unity of the Holy Spirit,
all glory and honour is yours,
for ever and ever.

Amen.

e in Gesù Cristo tuo Figlio
canteremo la tua gloria.

Per Cristo, con Cristo e in Cristo,
a te, Dio Padre onnipotente,
nell'unità dello Spirito Santo,
ogni onore e gloria,
per tutti i secoli dei secoli.

Amen.

merezcamos, por tu Hijo
Jesucristo, compartir la vida eterna
y cantar tus alabanzas.

Por Cristo, con él y en él, a ti,
Dios Padre omnipotente,
en la unidad del Espíritu Santo,
todo honor y toda gloria,
por los siglos de los siglos.

Amén.

die bei dir Gnade gefunden
haben von Anbeginn der Welt,
daß wir dich loben und preisen
durch deinen Sohn Jesus Christus.

Durch ihn und mit ihm und in ihm
ist dir, Gott, allmächtiger Vater,
in der Einheit des Heiligen Geistes
alle Herrlichkeit und Ehre jetzt und
in Ewigkeit.

Amen.

abyśmy z nimi wychwalali Ciebie
przez Twojego Syna,
Jezusa Chrystusa.

Przez Chrystusa, z Chrystusem i w
Chrystusie, Tobie, Boże, Ojcze
wszechmogący, w jedności Ducha
Świętego, wszelka cześć i chwała,
przez wszystkie wieki wieków.

Amen.

PREX EUCHARISTICA III

Vere Sanctus es, Dómine,
et mérito te laudat omnis a te
cóndita creatúra,
quia per Fílium tuum,
Dóminum nostrum
Iesum Christum,
Spíritus Sancti operánte virtúte,
vivíficas et sanctíficas univérsa,
et pópulum tibi congregáre
non désinis,
ut a solis ortu usque ad occásum
oblátio munda offerátur nómini tuo.

Súpplices ergo te, Dómine,
deprecámur,
ut haec múnera, quae tibi sacránda
detúlimus,
eódem Spíritu sanctificáre dignéris
ut Corpus et † Sanguis fiant
Fílii tui Dómini nostri Iesu Christi,

PRIÈRE EUCHARISTIQUE III

Tu es vraiment saint, Dieu de
l'univers, et toute la création
proclame ta louange,
car c'est toi qui donnes la vie,
c'est toi qui sanctifies toutes choses,
par ton Fils, Jésus Christ,
notre Seigneur,
avec la puissance de l'Esprit Saint;
et tu ne cesses
de rassembler ton peuple,
afin qu'il te présente
partout dans le monde
une offrande pure.

C'est pourquoi nous te supplions
de consacrer toi-même
les offrandes que nous apportons.
Sanctifie-les par ton Esprit
pour qu'elles deviennent
le corps et † le sang de ton Fils,

ORAÇÃO EUCARÍSTICA III

Na verdade, vós sois santo,
ó Deus do universo, e tudo o que
criastes proclama o vosso louvor,
porque, por Jesus Cristo,
vosso Filho e Senhor nosso,
e pela força do Espírito Santo,
dais vida e santidade a todas
as coisas e não cessais de reunir
o vosso povo,
para que vos ofereça em toda parte,
do nascer ao pôr-do-sol,
um sacrifício perfeito.

Santificai e reuni o vosso povo.

Por isso, nós vos suplicamos:
santificai pelo Espírito Santo
as oferendas que vos apresentamos
para serem consagradas,
a fim de que se tornem
o Corpo e † o Sangue
de Jesus Cristo,

EUCHARISTIC PRAYER III

You are indeed Holy, O Lord,
and all you have created
rightly gives you praise,
for through your Son
our Lord Jesus Christ,
by the power and working
of the Holy Spirit, you give life
to all things and make them holy,
and you never cease to gather a people
to yourself, so that from the rising
of the sun to its setting a pure sacrifice
may be offered to your name.

Therefore, O Lord, we humbly
implore you: by the same Spirit
graciously make holy these gifts
we have brought to you for
consecration, that they may become
the Body and † Blood
of your Son our Lord Jesus Christ,
at whose command we celebrate
these mysteries.

PREGHIERA EUCARISTICA III

Padre veramente santo,
a te la lode da ogni creatura.
Per mezzo di Gesù Cristo,
tuo Figlio e nostro Signore,
nella potenza dello Spirito Santo
fai vivere e santifichi l'universo,
e continui a radunare
intorno a te un popolo,
che da un confine all'altro
della terra
offra al tuo nome
il sacrificio perfetto.

Ora ti preghiamo umilmente:
manda il tuo Spirito a santificare
i doni che ti offriamo,
perché diventino il corpo
e † il sangue di Gesù Cristo,
tuo Figlio e nostro Signore,
che ci ha comandato
di celebrare questi misteri.

PLEGARIA EUCARÍSTICA III

Santo eres en verdad, Padre,
y con razón te alaban
todas tus criaturas,
ya que por Jesucristo, tu Hijo,
Señor nuestro,
con la fuerza del Espíritu Santo,
das vida y santificas todo,
y congregas a tu pueblo sin cesar,
para que ofrezca en tu honor
un sacrificio sin mancha
desde donde sale el sol hasta el ocaso.

Por eso, Padre,
te suplicamos que santifiques
por el mismo Espíritu
estos dones que hemos
separado para ti, de manera que sean
Cuerpo y † Sangre de Jesucristo,
Hijo tuyo y Señor nuestro,
que nos mandó
celebrar estos misterios.

DRITTES HOCHGEBET

Ja, du bist heilig, großer Gott,
und alle deine Werke verkünden
dein Lob. Denn durch deinen Sohn,
unseren Herrn Jesus Christus,
und in der Kraft des Heiligen
Geistes erfüllst du die ganze
Schöpfung mit Leben und Gnade.
Bis ans Ende der Zeiten
versammelst du dir ein Volk, damit
deinem Namen das reine Opfer
dargebracht werde vom Aufgang
der Sonne bis zum Untergang.

Darum bitten wir dich,
allmächtiger Gott:
Heilige unsere Gaben
durch deinen Geist,
damit sie uns werden Leib †
und Blut deines Sohnes,
unseres Herrn Jesus Christus,
der uns aufgetragen hat,
dieses Geheimnis zu feiern.

TRZECIA MODLITWA EUCHARYSTYCZNA

Zaprawdę, święty jesteś, Boże, i
słusznie Cię sławi wszelkie
stworzenie, bo przez Jezusa
Chrystusa, Twojego Syna, naszego
Pana, mocą Ducha świętego
ożywiasz i uświęcasz wszystko oraz
nieustannie gromadzisz lud swój,
aby ma całej ziemi składał Tobie
ofiarę czystą.

Pokornie błagamy Cię, Boże,
uświęć mocą Twojego Ducha te
dary, które przynieśliśmy Tobie,
aby się stały Ciałem † i Krwią
Twojego Syna, naszego Pana,
Jezusa Chrystusa, który nam
nakazał spełniać to misterium.

cuius mandato haec mysteria
celebramus.

Ipse enim in qua nocte tradebátur
accépit panem et tibi grátias agens
benedíxit, fregit, dedítque discípulis
suis, dicens:

ACCÍPITE ET MANDUCÁTE EX HOC
OMNES: HOC EST ENIM CORPUS MEUM,
QUOD PRO VOBIS TRADÉTUR.

Símili modo, postquam cenátum
est, accípiens cálicem,
et tibi grátias agens benedíxit,
dedítque discípulis suis, dicens:

ACCÍPITE ET BÍBITE EX EO OMNES:
HIC EST ENIM CALIX SÁNGUINIS MEI
NOVI ET AETÉRNI TESTAMÉNTI,
QUI PRO VOBIS ET PRO MULTIS
EFFUNDÉTUR
IN REMISSIONEM PECCATORUM.
HOC FÁCITE IN MEAM
COMMEMORATIONEM.

Jésus Christ, notre Seigneur,
qui nous a dit
de célébrer ce mystère.
La nuit même où il fut livré,
il prit le pain,
en te rendant grâce il le bénit,
il le rompit et le donna à ses
disciples, en disant:

PRENEZ, ET MANGEZ-EN TOUS:
CECI EST MON CORPS LIVRÉ POUR VOUS.

De même, à la fin du repas,
il prit la coupe,
en te rendant grâce il la bénit,
et la donna à ses disciples, en disant:

PRENEZ ET BUVEZ-EN TOUS,
CAR CECI EST LA COUPE DE MON SANG,
LE SANG DE L'ALLIANCE
NOUVELLE ET ÉTERNELLE,
QUI SERA VERSÉ
POUR VOUS ET POUR LA MULTITUDE
EN RÉMISSION DES PÉCHÉS.
VOUS FEREZ CELA, EN MÉMOIRE DE MOI.

vosso Filho e Senhor nosso,
que nos mandou celebrer
este misterio.

Santificai nossa oferenda, ó Senhor.

Na noite em que ia ser entregue, ele
tomou o pão, deu graças, e o partiu
e deu a seus discípulos, dizendo:

TOMAI, TODOS, E COMEI:
ISTO É O MEU CORPO,
QUE SERÁ ENTREGUE POR VOS.

Do mesmo modo, ao fim da ceia,
ele tomou o cálice em suas mãos,
deu graças novamente,
e o deu a seus discípulos, dizendo:

TOMAI, TODOS, E BEBEI:
ESTE É O CÁLICE DO MEU SANGUE,
O SANGUE DA NOVA E ETERNA ALIANÇA,
QUE SERÁ DERRAMADO
PER VÓS E POR TODOS
PARA REMISSÃO DOS PECADOS.
FAZEI ISTO EM MEMÓRIA DE MIM.

For on the night he was betrayed
he himself took bread,
and, giving you thanks,
he said the blessing, broke the bread
and gave it to his disciples, saying:

TAKE THIS, ALL OF YOU, AND EAT OF IT,
FOR THIS IS MY BODY
WHICH WILL BE GIVEN UP FOR YOU.

In a similar way, when supper
was ended, he took the chalice,
and, giving you thanks,
he said the blessing, and gave
the chalice to his disciples, saying:

TAKE THIS, ALL OF YOU, AND DRINK
FROM IT, FOR THIS IS THE CHALICE
OF MY BLOOD, THE BLOOD
OF THE NEW AND ETERNAL COVENANT,
WHICH WILL BE POURED OUT
FOR YOU AND FOR MANY
FOR THE FORGIVENESS OF SINS.
DO THIS IN MEMORY OF ME.

Nella notte in cui fu tradito,
egli prese il pane,
ti rese grazie
con la preghiera di benedizione,
lo spezzò, lo diede ai suoi
discepoli, e disse:

PRENDETE, E MANGIATENE TUTTI:
QUESTO È IL MIO CORPO
OFFERTO IN SACRIFICIO PER VOI.

Dopo la cena, allo stesso modo,
prese il calice, ti rese grazie
con la preghiera di benedizione,
lo diede ai suoi discepoli,
e disse:

PRENDETE E BEVETENE TUTTI:
QUESTO È IL CALICE DEL MIO SANGUE
PER LA NUOVA ED ETERNA ALLEANZA,
VERSATO PER VOI E PER TUTTI
IN REMISSIONE DEI PECCATI.
FATE QUESTO IN MEMORIA DI ME.

Porque él mismo,
la noche en que iba a ser entregado,
tomó pan,
y dando gracias te bendijo, lo partió
y lo dio a sus discípulos, diciendo:

TOMAD Y COMED TODOS DE ÉL,
PORQUE ESTO ES MI CUERPO,
QUE SERÁ ENTREGADO POR VOSOTROS.

Del mismo modo,
acabada la cena, tomó el cáliz,
dando gracias te bendijo,
y lo pasó a sus discípulos, diciendo:

TOMAD Y BEBED TODOS DE ÉL,
PORQUE ÉSTE ES EL CÁLIZ DE MI
SANGRE, SANGRE DE LA ALIANZA
NUEVA Y ETERNA,
QUE SERÁ DERRAMADA
POR VOSOTROS
Y POR TODOS LOS HOMBRES
PARA EL PERDON DE LOS PECADOS.
HACED ESTO EN COMMEMORACION MÍA.

Denn in der Nacht,
da er verraten wurde,
nahm er das Brot und sagte
Dank, brach es, reichte es seinen
Jüngern und sprach:

NEHMET UND ESSET ALLE DAVON:
DAS IST MEIN LEIB.
DER FÜR EUCH HINGEGEBEN WIRD.

Ebenso nahm er nach dem Mahl
den Kelch, dankte wiederum,
reichte ihn seinen Jüngern
und sprach:

NEHMET UND TRINKET ALLE DARAUS:
DAS IST DER KELCH
DES NEUEN UND EWIGEN BUNDES,
MEIN BLUT, DAS FÜR EUCH
UND FÜR ALLE VERGOSSEN WIRD
ZUR VERGEBUNG DER SÜNDEN.
TUT DIES ZU MEINEM GEDÄCHTNIS.

On bowiem tej nocy, której był
wydany, wziął chleb i dzięki Tobie
składając, błogosławił, łamał i
rozdawał swoim uczniom,
mówiąc:

BIERZCIE I JEDZCIE Z TEGO
WSZYSCY:
TO JEST BOWIEM CIAŁO MOJE,
KTÓRE ZA WAS BĘDZIE WYDANE.

Podobnie po wieczerzy
wziął kielich i dzięki Tobie
składając, błogosławił i podał
swoim uczniom, mówiąc:

BIERZCIE I PIJCIE Z NIEGO WSZYSCY:
TO JEST BOWIEM KIELICH KRWI
MOJEJ NOWEGO I WIECZNEGO
PRZYMIERZA,
KTÓRA ZA WAS I ZA WIELU BĘDZIE
WYLANA NA ODPUSZCZENIE GRZECHÓW.
TO CZYŃCIE NA MOJĄ PAMIĄTKĘ.

Mystérium fídei.

**Mortem tuam annuntiámus,
Dómine,
et tuam resurrectiónem confitémur;
donec vénias.**

Mémores ígitur, Dómine,
eiúsdem Fílii tui salutíferae passiónis
necnon mirábilis resurrectiónis
et ascensiónis in caelum, sed et
praestolántes álterum eius advéntum,
offérimus tibi, grátias referéntes,
hoc sacrifícium vivum et sanctum.

Réspice, quaesumus,
in oblatiónem Ecclésiae tuae
et, agnóscens Hóstiam,
cuius voluísti immolatióne
placári, concéde, ut qui Córpore et
Sánguine Fílii tui refícimur,

Il est grand le mystère de la foi.

**Nous proclamons ta mort,
Seigneur Jésus,
nous célébrons ta résurrection, nous
attendons ta venue dans la gloire.**

En faisant mémoire de ton Fils,
de sa passion qui nous sauve,
de sa glorieuse résurrection
et de son ascension dans le ciel,
alors que nous attendons son dernier
avènement, nous présentons
cette offrande vivante et sainte
pour te rendre grâce.

Regarde, Seigneur,
le sacrifice de ton Église,
et daigne y reconnaître
celui de ton Fils qui nous a rétablis
dans ton Alliance;
quand nous serons nourris
de son corps et de son sang

Eis o mistério da fé!

**Anunciamos, Senhor, a vossa morte
e proclamamos
a vossa ressurreição.
Vinde, Senhor Jesus!**

Celebrando agora, ó Pai,
a memória do vosso Filho,
da sua paixão que nos salva,
da sua gloriosa ressurreição
e da sua ascensão ao céu,
e enquanto esperamos
a sua nova vinda,
nós vos oferecemos
em ação de graças
este sacrifício de vida e santidade.

Recebei, ó Senhor, a nossa oferta.

Olhai com bondade
a oferenda de vossa Igreja,
reconhecei o sacrifício
que nos reconcilia convosco
e concedei que,

The mystery of faith.

**We proclaim your Death, O Lord,
and profess your Resurrection
until you come again.**

Therefore, O Lord,
as we celebrate the memorial
of the saving Passion of your Son,
his wondrous Resurrection
and Ascension into heaven,
and as we look forward
to his second coming,
we offer you in thanksgiving
this holy and living sacrifice.

Look, we pray, upon the oblation
of your Church and, recognizing
the sacrificial Victim by whose death
you willed to reconcile us to yourself,
grant that we, who are nourished
by the Body and Blood of your Son
and filled with his Holy Spirit,

Mistero della fede.

**Annunziamo la tua morte, Signore,
proclamiamo la tua risurrezione,
nell'attesa della tua venuta.**

Celebrando il memoriale
del tuo Figlio,
morto per la nostra salvezza,
gloriosamente risorto
e asceso al cielo,
nell'attesa della sua venuta
ti offriamo, Padre,
in rendimento di grazie
questo sacrificio vivo e santo.

Guarda con amore e riconosci
nell'offerta della tua Chiesa,
la vittima immolata
per la nostra redenzione;
e a noi che ci nutriamo
del corpo e sangue del tuo Figlio,

Éste es el Sacramento de nuestra fe.

**Anunciamos tu muerte,
proclamamos tu resurrección,
¡Ven, Señor Jesús!**

Así, pues, Padre,
al celebrar ahora el memorial
de la pasión salvadora de tu Hijo,
de su admirable resurrección
y ascensión al cielo,
mientras esperamos su venida
gloriosa, te ofrecemos,
en esta acción de gracias,
el sacrificio vivo y santo.

Dirige tu mirada
sobre la ofrenda de tu Iglesia,
y reconoce en ella la Víctima
por cuya immolación
quisiste devolvernos tu amistad,
para que, fortalecidos
con el Cuerpo y la Sangre de tu Hijo

Geheimnis des Glaubens.

**Deinen Tod, o Herr, verkünden wir,
und deine Auferstehung preisen
wir, bis du kommst in Herrlichkeit.**

Darum, gütiger Vater,
feiern wir das Gedächtnis
deines Sohnes. Wir verkünden
sein heilbringendes Leiden,
seine glorreiche Auferstehung
und Himmelfahrt
und erwarten seine Wiederkunft.
So bringen wir dir mit Lob und Dank
dieses heilige und lebendige
Opfer dar.

Schau gütig auf die Gaben deiner
Kirche. Denn sie stellt dir das Lamm
vor Augen, das geopfert wurde und
uns nach deinem Willen mit dir
versöhnt hat. Stärke uns durch den
Leib und das Blut deines Sohnes

Oto wielka tajemnica wiary.

**Głosimy śmierć Twoją, Panie Jezu,
wyznajemy Twoje
zmartwychwstanie i oczekujemy
Twego przyjścia w chwale.**

Wspominając, Boże,
zbawczą mękę Twojego Syna,
jak również cudowne
Jego zmartwychwstanie
i wniebowstąpienie,
oraz czekając
na powtórne Jego przyjście,
składamy Ci wśród dziękczynnych
modłów tę żywą i świętą Ofiarę.

Wejrzyj, prosimy, na dar Twojego
Kościoła i przyjmij
Ofiarę, przez którą nas
pojednałeś ze sobą.
Spraw abyśmy posileni
Ciałem i Krwią Twojego Syna

Spíritu eius Sancto repléti,
unum corpus et unus spiritus
inveniámur in Christo.

Ipse nos tibi perfíciat munus
aetérnum, ut cum eléctis tuis
hereditátem cónsequi valeámus,
in primis cum beatíssima Vírgine,
Dei Genetríce, María,
cum beátis Apóstolis tuis
et gloriósis Martyribus
(cum Sancto N.: *Sancto diei vel
patrono*)
et ómnibus Sanctis,
quorum intercessióne perpétuo
apud te confídimus adiuvári.

Haec Hóstia nostrae
reconciliatiónis profíciat,
quaesumus, Dómine,
ad totíus mundi pacem atque salútem.

Ecclésiam tuam,
peregrinántem in terra,
in fide et caritáte firmáre dignéris

et remplis de l'Esprit Saint,
accorde-nous d'être
un seul corps et un seul esprit
dans le Christ.

Que l'Esprit Saint fasse de nous
une éternelle offrande à ta gloire,
pour que nous obtenions un jour
les biens du monde à venir,
auprès de la Vierge Marie,
la bienheureuse Mère de Dieu,
avec les Apôtres, les martyrs,
(saint N.) et tous les saints
qui ne cessent d'intercéder pour nous.

Et maintenant, nous te supplions,
Seigneur:
par le sacrifice qui nous réconcilie
avec toi,
étends au monde entier
le salut et la paix.
Affermis la foi et la charité
de ton Église
au long de son chemin sur la terre:

alimentando-nos com o Corpo
e o Sangue do vosso Filho,
sejamos repletos do Espírito Santo
e nos tornemos em Cristo
um só corpo e um só espírito.

Fazei de nós um só corpo e um só espírito.

Que ele faça de nós uma oferenda
perfeita para alcançarmos a vida
eterna com os vossos santos:
a Virgem Maria, mãe de Deus,
os vossos Apóstolos e Mártires,
(N.: *o santo do dia ou o padroeiro*)
e todos os santos,
que não cessam de interceder
por nós na vossa presença.

Fazei de nós uma perfeita oferenda.

E agora, nós vos suplicamos, ó Pai,
que este sacrifício
da nossa reconciliação
estenda a paz e a salvaçao

may become one body,
one spirit in Christ.

May he make of us an eternal
offering to you, so that we may
obtain an inheritance with your
elect, especially with the most
Blessed Virgin Mary, Mother of
God, with your blessed Apostles
and glorious Martyrs (with Saint
N.: *the Saint of the day or Patron
Saint*) and with all the Saints, on
whose constant intercession in your
presence
we rely for unfailing help.

May this Sacrifice
of our reconciliation, we pray,
O Lord, advance the peace
and salvation of all the world.
Be pleased to confirm
in faith and charity

dona la pienezza dello Spirito Santo
perché diventiamo in Cristo
un solo corpo e un solo spirito.

Egli faccia di noi un sacrificio
perenne a te gradito,
perché possiamo ottenere il regno
promesso insieme con i tuoi eletti:
con la beata Maria,
Vergine e Madre di Dio,
con i tuoi santi apostoli,
i gloriosi martiri,
(san N.: *santo del giorno o patrono*)
e tutti i santi,
nostri intercessori presso di te.

Per questo sacrificio
di riconciliazione,
dona, Padre, pace e salvezza
al mondo intero.

Conferma nella fede e nell'amore
la tua Chiesa pellegrina sulla terra:

y llenos de su Espíritu Santo,
formemos en Cristo
un solo cuerpo y un solo espíritu.

Quel él nos transforme
en ofrenda permanente,
para que gocemos de tu heredad
junto con tus elegidos:
con María, la Virgen Madre de Dios,
los apóstoles y los mártires,
(San N.: *santo del día o patrono*)
y todos los santos,
por cuya intercesión confiamos
obtener siempre tu ayuda.

Te pedimos, Padre,
que esta Víctima de reconciliación
traiga la paz y la salvación
al mundo entero.

Confirma en la fe y en la caridad
a tu Iglesia, peregrina en la tierra:

und erfülle uns mit seinem Heiligen
Geist, damit wir ein Leib und ein
Geist werden in Christus.

Er mache uns auf immer zu einer
Gabe, die dir wohlgefällt, damit wir
das verheißene Erbe erlangen
mit deinen Auserwählten, mit der
seligen Jungfrau und Gottesmutter
Maria, mit deinen Aposteln und
Märtyrern, (mit dem/der heiligen
N.: *Tagesheiliger oder Patron*)
und mit allen Heiligen, auf deren
Fürsprache wir vertrauen.

Barmherziger Gott, wir bitten
dich: Dieses Opfer unserer
Versöhnung bringe der ganzen
Welt Frieden und Heil.
Beschütze deine Kirche
auf ihrem Weg durch die Zeit und
stärke sie im Glauben und in der
Liebe: deinen Diener,

i napełnieni Duchem Świętym, stali
się jednym ciałem i jedną duszą w
Chrystusie.

Niech On nas uczyni wiecznym
darem dla Ciebie, abyśmy otrzymali
dziedzictwo z Twoimi wybranymi,
przede wszystkim z Najświętszą
Dziewicą, Bogurodzicą Maryją, ze
świętymi Apostołami
i Męczennikami, (ze Świętym N.)
i wszystkimi Świętymi,
którzy nieustannie orędują
za nami u Ciebie.

Prosimy Cię, Boże, aby ta Ofiara
naszego pojednania z Tobą
sprowadziła na cały świat pokój i
zbawienie.

Utwierdź w wierze i miłości Twój
Kościół pielgrzymujący na ziemi,
a więc Twojego sługę,

cum fámulo tuo Papa nostro N.
et Epíscopo nostro N.,
cum episcopáli órdine
et univérso clero
et omni pópulo acquisitiónis tuae.

Votis huius familiae, quam tibi
astáre voluísti, adésto propítius.
Omnes fílios tuos ubíque dispérsos
tibi, clemens Pater, miserátus
coniúnge.

Fratres nostros defúnctos
et omnes qui, tibi placéntes,
ex hoc saeculo transiérunt,
in regnum tuum benígnus admítte,
ubi fore sperámus,
ut simul glória tua
perénniter satiémur,
per Christum Dóminum nostrum,
per quem mundo bona cuncta
largíris.

veille sur ton serviteur le Pape N.
et notre évêque N., l'ensemble des
évêques, les prêtres, les diacres,
et tout le peuple des rachetés.

Écoute les prières de ta famille
assemblée devant toi,
et ramène à toi, Père très aimant,
tous tes enfants dispersés.

Pour nos frères défunts,
pour les hommes
qui ont quitté ce monde,
et dont tu connais la droiture,
nous te prions:
reçois-les dans ton Royaume,
où nous espérons
être comblés de ta gloire,
tous ensemble et pour l'éternité,
par le Christ, notre Seigneur,
par qui tu donnes au monde
toute grâce et tout bien.

ao mundo inteiro.
Confirmai na fé e na caridade
a vossa Igreja,
enquanto caminha neste mundo:
o vosso servo o papa N.,
o nosso Bispo N.,
com os bispos do mundo inteiro, o clero
e todo o povo que conquistastes.

Lembrai-vos, ó Pai, da vossa Igreja.

Atendei às preces
da vossa família,
que está aqui, na vossa presença.
Reuni em vós,
Pai de misericórdia,
todos os vossos filhos
dispersos pelo mundo inteiro.

Lembrai-vos, ó Pai, dos vossos filhos.

Acolhei com bondade
no vosso reino os nossos irmãos e irmãs,
que partiram desta vida e todos
os que morreram na vossa amizade.

your pilgrim Church on earth,
with your servant N. our Pope
and N. our Bishop,
the Order of Bishops, all the clergy,
and the entire people
you have gained for your own.

Listen graciously to the prayers
of this family, whom you have
summoned before you: in your
compassion, O merciful Father,
gather to yourself all your children
scattered throughout the world.

To our departed brothers and sisters
and to all who were pleasing to you
at their passing from this life,
give kind admittance
to your kingdom.
There we hope to enjoy for ever
the fullness of your glory
through Christ our Lord,
through whom you bestow
on the world all that is good.

il tuo servo e nostro Papa N.,
il nostro Vescovo N.,
il collegio episcopale, tutto il clero
e il popolo che tu hai redento.
Ascolta la preghiera
di questa famiglia,
che hai convocato
alla tua presenza.
Ricongiungi a te,
Padre misericordioso,
tutti i tuoi figli ovunque dispersi.

Accogli nel tuo regno
i nostri fratelli defunti
e tutti i giusti che, in pace con te,
hanno lasciato questo mondo;
concedi anche a noi
di ritrovarci insieme
a godere per sempre
della tua gloria,
in Cristo, nostro Signore,
per mezzo del quale tu, o Dio,
doni al mondo ogni bene.

a tu servidor, el Papa N.,
a nuestro Obispo N.,
al orden episcopal, a los presbíteros
y diáconos, y a todo el pueblo
redimido por ti.
Atiende los deseos y súplicas de
esta familia
que has congregado en tu presencia.
Reúne en torno a ti,
Padre misericordioso,
a todos tus hijos dispersos
por el mundo.

A nuestros hermanos difuntos
y a cuantos murieron
en tu amistad,
recíbelos en tu Reino,
donde esperamos gozar todos
juntos de la plenitud eterna
de tu gloria,
por Cristo, Señor nuestro,
por quien concedes al mundo
todos los bienes.

unseren Papst N.,
unseren Bischof N. und die
Gemeinschaft der Bischöfe,
unsere Priester und Diakone,
alle, die zum Dienst in der
Kirche bestellt sind, und das
ganze Volk deiner Erlösten.

Erhöre, gütiger Vater, die Gebete
der hier versammelten Gemeinde
und führe zu dir auch alle deine
Söhne und Töchter, die noch
fern sind von dir.

Erbarme dich (aller) unserer
verstorbenen Brüder
und Schwestern und aller,
die in deiner Gnade aus
dieser Welt geschieden sind.
Nimm sie auf in deine Herrlichkeit.
Und mit ihnen laß auch uns,
wie du verheißen hast,
zu Tische sitzen in deinem Reich.

naszego Papieża N.,
naszego Biskupa N.,
wszystkich biskupów świata,
duchowieństwo i cały lud
odkupiony.

Wysłuchaj łaskawie modlitwy
zgromadzonych tutaj wiernych,
którzy z Twojej łaski stoją przed
Tobą. W miłosierdziu swoim, o
dobry Ojcze, zjednocz ze sobą
wszystkie swoje dzieci rozproszone
po całym świecie.

Przyjmij do swojego Królestwa
naszych zmarłych braci i siostry
oraz wszystkich, którzy w Twojej
łasce odeszli z tego świata. Ufamy,
że razem z nimi będziemy się tam
wiecznie radować Twoją chwałą,
przez naszego Pana Jezusa
Chrystusa, przez którego obdarzasz
świat wszelkimi dobrami.

Per ipsum,
et cum ipso,
et in ipso,
est tibi Deo Patri omnipoténti,
in unitáte Spíritus Sancti,
omnis honor et glória
per ómnia saecula saeculórum.

Amen.

Par lui,
avec lui
et en lui,
à toi, Dieu le Père tout-puissant,
dans l'unité du Saint-Esprit,
tout honneur et toute gloire,
pour les siècles des siècles.

Amen.

Unidos a eles,
esperamos também nós
saciar-nos eternamente
da vossa glória,
por Cristo, Senhor nosso.

A todos saciai com vossa glória.

Por ele dais ao mundo
todo bem e toda graça.

Por Cristo, com Cristo, em Cristo,
a vós, Deus Pai todo-poderoso,
na unidade do Espírito Santo,
toda a honra e toda a glória
agora e para sempre.

Amém.

Through him,
and with him,
and in him,
O God, almighty Father,
in the unity of the Holy Spirit,
all glory and honour is yours,
for ever and ever.

Amen.

Per Cristo,
con Cristo
e in Cristo,
a te, Dio Padre onnipotente,
nell'unità dello Spirito Santo,
ogni onore e gloria
per tutti i secoli dei secoli.

Amen.

Por Cristo,
con él
y en él,
a ti, Dios Padre omnipotente,
en la unidad del Espíritu Santo,
todo honor y toda gloria
por los siglos de los siglos.

Amén.

Darum bitten wir dich durch
unseren Herrn Jesus Christus.
Denn durch ihn schenkst du der
Welt alle guten Gaben.

Durch ihn und mit ihm
und in ihm ist dir, Gott,
allmächtiger Vater,
in der Einheit des Heiligen Geistes
alle Herrlichkeit und Ehre
jetzt und in Ewigkeit.

Amen.

Przez Chrystusa,
z Chrystusem
i w Chrystusie,
Tobie, Boże, Ojcze wszechmogący,
w jedności Ducha Świętego
wszelka cześć i chwała,
przez wszystkie wieki wieków.

Amen.

RITUS COMMUNIONIS

Praecéptis salutáribus móniti,
et divína institutióne formáti,
audémus dícere:

PATER NOSTER

Pater noster, qui es in caelis:
sanctificétur nomen tuum;
advéniat regnum tuum;
fiat volúntas tua,
sicut in caelo et in terra.
Panem nostrum cotidiánum
da nobis hodie;
et dimítte nobis débita nostra,
sicut et nos dimíttimus debitóribus
nostris; et ne nos indúcas in
tentatiónem; sed líbera nos a malo.

Líbera nos, quaesumus, Dómine,
ab ómnibus malis, da propítius
pacem in diébus nostris,

COMMUNION

Comme nous l'avons appris
du Sauveur, et selon son
commandement, nous osons dire:

PATER NOSTER

Notre Père, qui es aux cieux,
que ton nom soit sanctifié,
que ton règne vienne,
que ta volonté soit faite
sur la terre comme au ciel.
Donne-nous aujourd'hui
notre pain de ce jour.
Pardonne-nous nos offenses,
comme nous pardonnons aussi
à ceux qui nous ont offensés.
Et ne nous soumets pas à la
tentation, mais délivre-nous du Mal.

Delivre-nous de tout mal, Seigneur,
et donne la paix à notre temps;

RITO DA COMUNHÃO

Rezemos, com amor e confiança,
a oração
que e Senhor Jesus nos ensinou:

PATER NOSTER

Pai nosso que estais nos céus,
santificado seja o vosso nome;
venha a nós o vosso reino, seja feita
a vossa vontade, assim na terra
como no céu. O pão nosso de cada
dia nos dai hoje;
peroai-nos as nossas ofensas,
assim como nós perdoamos
a quem nos tem ofendido
e não nos deixeis cair em tentação,
mas livrai-nos do mal.

Livrai-nos de todos os males, ó Pai,
e dai-nos hoje a vossa paz.

COMMUNION RITE

At the Saviour's command
and formed by divine teaching,
we dare to say:

PATER NOSTER

Our Father, who art in heaven,
hallowed be thy name;
thy kingdom come;
thy will be done
on earth as it is in heaven.
Give us this day our daily bread,
and forgive us our trespasses,
as we forgive those who trespass
against us;
and lead us not into temptation,
but deliver us from evil.

Deliver us, Lord, we pray,
from every evil,

RITI DI COMUNIONE

Obbedienti alla parola del
Salvatore e formati al suo divino
insegnamento, osiamo dire:

PATER NOSTER

Padre nostro, che sei nei cieli,
sia santificato il tuo nome,
venga il tuo regno,
sia fatta la tua volontà,
come in cielo così in terra.
Dacci oggi il nostro pane
quotidiano, e rimetti a noi
i nostri debiti come noi li rimettiamo
ai nostri debitori,
e non ci indurre in tentazione,
ma liberaci dal male.

Liberaci, o Signore, da tutti i mali,
concedi la pace ai nostri giorni,

RITO DE COMUNION

Fieles a la recomendación del
Salvador y siguiendo su divina
enseñanza nos atrevemos a decir:

PATER NOSTER

Padre nuestro, que estás en el cielo,
santificado sea tu Nombre.
Venga a nosotros tu reino.
Hágase tu voluntad en la tierra
como en el cielo.
Danos hoy nuestro pan de cada día;
perdona nuestras ofensas,
como también nosotros perdonamos
a los que nos ofenden. No nos dejes
caer en la tentación,
y líbranos del mal.

Líbranos de todos los males, Señor,
y concédenos la paz en nuestros días,

KOMMUNION

Dem Wort unseres Herrn und Erlösers
gehorsam und getreu seiner göttlicher
Weisung, wagen wir zu sprechen:

PATER NOSTER

Vater unser im Himmel,
geheiligt werde dein Name.
Dein Reich komme.
Dein Wille geschehe,
wie im Himmel so auf Erden.
Unser tägliches Brot gib uns heute.
Und vergib uns unsere Schuld,
wie auch wir vergeben
unsern Schuldigern.
Und führe uns nicht in Versuchung,
sondern erlöse uns von dem Bösen.

Erlöse uns, Herr, allmächtiger
Vater, von allem Bösen und gib
Frieden in unseren Tagen.

OBRZĘDY KOMUNII

Pouczeni przez Zbawiciela
i posłuszni Jego słowom,
ośmielamy się mówić:

PATER NOSTER

Ojcze nasz któryś jest w niebie,
święć się imię Twoje, przyjdź
Królestwo Twoje, bądź wola
Twoja jako w niebie tak i na ziemi.
Chleba naszego powszedniego daj
nam dzisiaj.
I odpuść nam nasze winy,
jako i my odpuszczamy
naszym winowajcom, i nie wódź
nas na pokuszenie, ale nas zbaw
ode złego.

Wybaw nas, Panie,
od zławszelkiego i obdarz
nasze czasy pokojem.

ut, ope misericórdie tuae
adiúti, et a peccáto simus
semper líberi et ab omni
perturbatióne secúri: exspectántes
beátam spem et advéntum
Salvatóris nostri Iesu Christi.

**Quia tuum est regnum,
et potéstas, et glória in saecula.**

Dómine Iesu Christe, qui dixísti
Apóstolis tuis:
"Pacem relínquo vobis,
pacem meam do vobis";
ne respícias peccata nostra,
sed fidem Ecclésiae tuae; eámque
secúndum voluntátem tuam
pacificáre et coadunáre dignéris.
Qui vivis et regnas
in saecula saeculórum. **Amen.**

Pax Dómini sit semper vobíscum.

Et cum spíritu tuo.

par ta miséricorde; libère-nous du
péché, rassure-nous devant les
épreuves en cette vie où nous
espérons le bonheur que tu promets
et l'avènement de Jésus Christ,
notre Sauveur.

**Car c'est à toi qu'appartiennent
le règne, la puissance et la gloire,
pour les siècles des siècles.**

Seigneur Jésus Christ, tu as dit à tes
Apôtres: "Je vous laisse la paix;
je vous donne ma paix"; ne regarde
pas nos péchés mais la foi
de ton Église; pour que ta volonté
s'accomplisse, donne-lui toujours
cette paix, et conduis-la vers
l'unité parfaite, toi qui règnes pour
les siècles des siècles. **Amen.**

Que la paix du Seigneur
soit toujours avec vous.

Et avec votre esprit.

Ajudados pela vossa misericórdia,
sejamos sempre livres do pecado
e protegidos de todos os perigos,
enquanto, vivendo a esperança,
aguardamos a vinda do
Cristo Salvador.

**Vosso é o reino,
o poder e a glória para sempre.**

Senhor Jesus Cristo, dissestes aos vos-
sos Apóstolos: "Eu vos deixo a paz,
eu vos dou a minha paz". Não olheis
os nossos pecados, mas a fé que
anima vossa Igreja; dai-lhe, segundo
o vosso desejo, a paz e a unidade.
Vós, que sois Deus,
com o Pai e o Espírito Santo. **Amém.**

A paz do Senhor
esteja sempre convosco!

O amor de Cristo nos uniu.

graciously grant peace in our days,
that, by the help of your mercy,
we may be always free from sin
and safe from all distress, as we await
the blessed hope and the coming
of our Saviour, Jesus Christ.

**For the kingdom,
the power and the glory are yours,
now and forever.**

Lord Jesus Christ, who said to your
Apostles: "Peace I leave you, my peace
I give you", look not on our sins,
but on the faith of your Church,
and graciously grant her peace and
unity in accordance with your will.
Who live and reign
for ever and ever. **Amen.**

The peace of the Lord
be with you always.

And with your spirit.

e con l'aiuto della tua misericordia,
vivremo sempre liberi dal peccato
e sicuri da ogni turbamento,
nell'attesa che si compia la beata
speranza, e venga il nostro
Salvatore Gesù Cristo.

**Tuo è il regno, tua la potenza
e la gloria nei secoli.**

Signore Gesù Cristo, che hai detto
ai tuoi apostoli: "Vi lascio la pace,
vi do la mia pace", non guardare
ai nostri peccati, ma alla fede della
tua Chiesa, e donale unità e pace
secondo la tua volontà. Tu che vivi
e regni nei secoli dei secoli. **Amen.**

La pace del Signore
sia sempre con voi.

E con il tuo spirito.

para que, ayudados por tu
misericordia, vivamos siempre
libres de pecado y protegidos de
toda perturbación, mientras
esperamos la gloriosa venida de
nuestro Salvador, Jesucristo.

**Tuyo es el Reino, tuyo el poder
y la gloria por siempre, Señor.**

Señor Jesucristo,
que dijiste a tus apóstoles:
"La paz os dejo, mi paz os doy", no
tengas en cuenta nuestros pecados,
sino la fe de tu Iglesia
y, conforme a tu palabra,
concédele la paz y la unidad.
Tú que vives y reinas
por los siglos de los siglos. **Amén.**

La paz del Señor esté siempre con
vosotros.

Y con tu espíritu.

Komm uns zu Hilfe
mit deinem Erbarmen
und bewahre uns vor Verwirrung
und Sünde, damit wir voll
Zuversicht das Kommen unseres
Erlösers Jesus Christus erwarten.

**Denn dein ist das Reich und die
Kraft und die Herrlichkeit in
Ewigkeit. Amen.**

Der Herr hat zu seinen Aposteln
gesagt: "Frieden hinterlasse ich euch,
meinen Frieden gebe ich euch".
Deshalb bitten wir:
Herr Jesus Christus, schau nicht auf
unsere Sünden, sondern auf den
Glauben deiner Kirche und schenke
ihr nach deinem Willen Einheit
und Frieden. **Amen.**

Der Friede des Herrn
sei allezeit mit euch.

Und mit deinem Geiste.

Wspomóż nas w swoim
miłosierdziu, abyśmy zawsze wolni
od grzechu i bezpieczni od
wszelkiego zamętu, pełni nadziei
oczekiwali przyjścia naszego
Zbawiciela, Jezusa Chrystusa.

**Bo Twoje jest królestwo i potęga,
i chwała na wieki.**

Panie Jezu Chryste, Ty powiedziałeś
swoim Apostołom:
«Pokój wam zostawiam,
pokój mój wam daję»,
Prosimy Cię, nie zważaj na grzechy
nasze, lecz na wiarę swojego
Kościoła i zgodnie z Twoją wolą
napełniaj go pokojem i doprowadź
do pełnej jedności. Który żyjesz i
królujesz na wieki wieków. **Amen.**

Pokój Pański niech zawsze
będzie z wami.

I z duchem twoim.

AGNUS DEI

Agnus Dei,
qui tollis peccáta mundi,
miserére nobis. *(bis)*
Agnus Dei,
qui tollis peccáta mundi,
dona nobis pacem.

Ecce Agnus Dei,
ecce qui tollit peccáta mundi.
Beáti qui ad cenam Agni
vocáti sunt.

Dómine, non sum dignus ut intres
sub tectum meum: sed tantum dic
verbo et sanábitur ánima mea.

Corpus Christi.
Amen.

POSTCOMMUNIO

AGNUS DEI

Agneau de Dieu,
qui enlèves le péché du monde,
prends pitié de nous. *(bis)*
Agneau de Dieu,
qui enlèves le péché du monde,
donne-nous la paix.

Heureux les invités
au repas du Seigneur.
Voici l'Agneau de Dieu,
qui enlève le péché du monde.

Seigneur, je ne suis pas digne de te
recevoir; mais dis seulement une
parole et je serai guéri.

Le corps du Christ.
Amen.

PRIÈRE APRÈS LA COMMUNION

AGNUS DEI

Cordeiro de Deus,
que tirais o pecado do mundo,
tende piedade de nós. *(bis)*
Cordeiro de Deus,
que tirais o pecado do mundo,
dai-nos a paz.

Felizes os convidados
para a Ceia do Senhor!
Eis o Cordeiro de Deus,
que tira o pecado do mundo.

Senhor, eu não sou digno
de que entreis em minha morada,
mas dizei uma palavra
e serei salvo.

O Corpo de Cristo.
Amém.

ORAÇÃO DEPOIS DA COMUNHÃO

AGNUS DEI

Lamb of God, you take away
the sins of the world,
have mercy on us. *(bis)*
Lamb of God, you take away
the sins of the world,
grant us peace.

Behold the Lamb of God,
behold him who takes away
the sins of the world.
Blessed are those called
to the supper of the Lamb.

Lord, I am not worthy that you
should enter under my roof,
but only say the word
and my soul shall be healed.

The Body of Christ.
Amen.

PRAYER AFTER COMMUNION

AGNUS DEI

Agnello di Dio,
che togli i peccati del mondo,
abbi pietà di noi. *(bis)*
Agnello di Dio,
che togli i peccati del mondo,
dona a noi la pace.

Beati gli invitati
alla Cena del Signore.
Ecco l'Agnello di Dio,
che toglie i peccati del mondo.

O Signore, non sono degno
di partecipare alla tua mensa:
ma di' soltanto una parola
e io sarò salvato.

Il Corpo di Cristo.
Amen.

ORAZIONE DOPO LA COMUNIONE

AGNUS DEI

Cordero de Dios,
que quitas el pecado del mundo,
ten piedad de nosotros. *(bis)*
Cordero de Dios,
que quitasel pecado del mundo,
danos la paz.

Éste es el Cordero de Dios,
que quita el pecado del mundo.
Dichosos los invitados
a la cena del Señor.

Señor, no soy digno
de que entres en mi casa,
pero una palabra tuya
bastará para sanarme.

El Cuerpo de Cristo.
Amén.

ORACIÓN DESPUÉS DE LA COMUNIÓN

AGNUS DEI

Lamm Gottes, du nimmst hinweg
die Sünde der Welt:
erbarme dich unser. *(bis)*
Lamm Gottes, du nimmst hinweg
die Sünde der Welt:
gib uns deinen Frieden.

Seht das Lamm Gottes, das
hinwegnimmt die Sünde der Welt.

Herr, ich bin nicht würdig,
daß du eingehst unter mein Dach,
aber sprich nur ein Wort,
so wird meine Seele gesund.

Selig die zum Mahl des Lammes
geladen sind.

Der Leib Christi.
Amen.

SCHLUSSGEBET

AGNUS DEI

Baranku Boży,
który gładzisz grzechy świata,
zmiłuj się nad nami. *(bis)*
Baranku Boży,
który gładzisz grzechy świata,
obdarz nas pokojem.

Oto Baranek Boży, który gładzi
grzechy świata.
Błogosławieni, którzy zostali
wezwani na Jego ucztę.

Panie, nie jestem godzien, abyś
przyszedł do mnie, ale powiedz
tylko słowo, a będzie uzdrowiona
dusza moja.

Ciało Chrystusa.
Amen.

MODLITWA PO KOMUNII

RITUS CONCLUSIONIS

Dóminus vobíscum.
Et cum spíritu tuo.

Benedícat vos omnípotens Deus
Pater, et Fílius † et Spíritus Sanctus.
Amen.

Ite, missa est.
Deo grátias.

CONCLUSION

Le Seigneur soit avec vous.
Et avec votre esprit.

Que Dieu tout-puissant
vous bénisse,
le Père, le Fils † et le Saint-Esprit.
Amen.

Allez, dans la paix du Christ.
Nous rendons grâce à Dieu.

RITOS FINAIS

O Senhor esteja convosco.
Ele está no meio de nós.

Abençoe-vos Deus todo-poderoso,
Pai e Filho † e Espírito Santo.
Amém.

Ide em paz,
e o Senhor vos acompanhe.
Amém.

CONCLUDING RITES

The Lord be with you.
And with your spirit.

May almighty God bless you,
the Father, and the Son, †
and the Holy Spirit.
Amen.

Go forth, the Mass is ended.
Thanks be to God.

RITI DI CONCLUSIONE

Il Signore sia con voi.
E con il tuo spirito.

Vi benedica Dio onnipotente,
Padre e Figlio † e Spirito Santo.
Amen.

La messa è finita: andate in pace.
Rendiamo grazie a Dio.

RITO DE CONCLUSÍON

El Señor esté con vosotros.
Y con tu espíritu.

La bendición de Dios todopoderoso,
Padre, Hijo † y Espíritu Santo,
descienda sobre vosotros.
Amén.

Podéis ir en paz.
Demos gracias a Dios.

ENTLASSUNG

Der Herr sei mit euch.
Und mit deinem Geiste.

Es segne euch der allmächtige
Gott, der Vater, und der Sohn †
und der Heilige Geist.
Amen.

Gehet hin in Frieden.
Dank sei Gott, dem Herrn.

OBRZĘDY ZAKOŃCZENIA

Pan z wami.
I z duchem twoim.

Niech was błogosławi Bóg
wszechmogący, Ojciec i Syn †
i Duch Święty.
Amen.

Idźcie w pokoju Chrystusa.
Bogu niech będą dzięki.

www.ingramcontent.com/pod-product-compliance
Lightning Source LLC
Chambersburg PA
CBHW052106110526
44591CB00013B/2370